崖っぷちの会社を立て直した

スーパーな女

Super☆Woman

なぜ、普通の主婦がたった6年半で300億円の借金を返済できたのか?

株式会社タイヨー
取締役副社長
清川照美

ダイヤモンド社

スーパーな女

崖っぷちの会社を立て直した

なぜ、普通の主婦が
たった6年半で
300億円の借金を
返済できたのか?

株式会社タイヨー 取締役副社長
清川照美

まえがき

２０１３年7月17日23時過ぎ、洗面所で血を吐いたこの日から物語は始まりました。東京からの最終便で銀行支店長を自宅まで送り、数日間の緊張と夜の運転の疲れもあってのことでした。

この日、最終的な株価を第三者機関、銀行団、弁護士団、有識者の方々と話し合いを行い、みなさま方は１２００円にするのがよいと言う中、私は１１００円でお願いする意思をお伝えしました。

あの日から6年半が過ぎました。主婦に毛の生えた程度の私でもタイヨーの奇跡と言われるまでの利益を出せるようになりました。

毎年、イチョウの葉が色づく頃になると、２０１３年のＭＢＯをした頃がフラッシュバックして来ます。イチョウの黄色を見ると当時を思い出し、涙が止まらなくなります。

2020年2月末には当時454億円余りの借入金が150億円となりました。我ながらよく走り続けてきたな、というのが実感です。

先日、息子である社長より、いずれこの件も風化し忘れ去られる前に、後進のためにも、また、今後行き詰まりを感じた時、MBO後どのように改革をしていったのか、役に立つと思うので残しておいてほしい、と話がありました。

私は、経営のプロでもなければコンサルタントでもなく、ロジカルな勉強をしたわけでもありません。

主婦として、消費者としての目線を持って、焼き肉店や酒屋の立て直しを行ったり、オンリーワン（オーガニック指向の食品スーパー）の新しいフォーマットの設立に携わり、財団の設立や運営に関わったり、実に多様な活動を行ってきました。また、当時社長であった主人の机の上にあった業界紙やビジネス関連の書籍を読みあさったり、経営者の方々にお会いしてお話を聞かせていただくことで、自分なりに経営を学んできました。後は好奇心と動物的な直感、そしてイメージする力でしょうか。

オーナー家に嫁ぎ、創業者から「あなたは、和彦（2代目社長）の嫁ではなく『タイヨーの嫁』だ、しっかりしてもらわなくては困る」と。この言葉は創業者から私への遺言だったと思っております。次の世代にバトンを渡すための覚悟、これだけです。

第1章は、奇跡を起こした五つの信念
第2章は、営業利益の理解と数字の勉強をしてもらう
第3章は、スピードを持って人を育てる
第4章は、現場力を鍛える
第5章は、リーダーとしての心得
第6章は、心を磨くことで運（人）を引き寄せ流れを変える
第7章は、次世代のリーダーたちに話しておきたいこと

一般的に会社を立て直す時はリストラと不動産の売却ですが、我が社は社長の強い意志の下、リストラはしないで改革を進めました。

世の中は変化を求められる時代です。

もしもこの本を手に取っていただく方がいたら必ず誰でもイノベーションを起こ

し、結果を出せると思ってくださると思います。このことで地方が元気になり日本が元気になってくれることを願います。

大きなことを言わせていただけるのなら、平和で美しい瑠璃色の地球を子どもたちに伝えたい。

女だから、歳を取っているから、それは言い訳にしか過ぎません。志と覚悟のあるところに道は開けると思います。

日本の南の県、売上1000億円（当時は1280億円）のスーパーマーケットの本業は赤字スレスレの会社を、6年半で約300億円の借金を返し、会社を変え、元気にすることができました。

簡単なことを覚悟を決め、真剣にやる。日本の地方と、中小企業が元気になることで日本の未来を明るくすることができると信じます。

清川照美

C O N T E N T S

目次

第2章

営業利益の理解と数字の勉強をしてもらう

第3章

スピードを持って人を育てる

第4章

現場力を鍛える

第5章

リーダーとしての心得

第6章

心を磨くことで運（人）を引き寄せ流れを変える

第7章 次世代のリーダーたちに話しておきたいこと

序章

なぜ、主婦が
わずか6年半で
300億もの借金を
返済できたのか？

なぜ、MBOだったのか？

私がタイヨーに戻ってきたのは2012年7月1日のことです。かつてタイヨーで監査役と取締役として働いていましたが2008年2月28日に退社し、それから4年4カ月を経て再入社することになったのです。

当時の会社の状態は決してよいものではありませんでした（226〜227ページ参照）。本業の小売業の業績が落ちて株価が下がり、外資ファンドや大手小売業2社がタイヨーを買収する。そんな噂がまことしやかに飛び交っていたほどです。

現実に我が社の株価は、1998年度4000円台だったものが、2010年度は1200円台、2011年度には500円台まで落ち込んでいました。本来つくはずの4分の1の価値になっておりました。

実際に買収の話が進んでいたことは、それからずっと後になって知るのですが、他にも私が再入社した早々、社長の解任を求める動きが出てくるなど（実現しませんでしたが）、会社がいよいよただならぬ状態に陥っていることはいやでも伝わってきました。

経営の数値を見ても、出店により店舗数は増えているのに、売上は10年前と変わらず、逆に人件費は10年前の１００億円から、１５０億円に膨らんでいました。

新たに設けた人事政策課も全く機能していませんでした。何より、それほどの危機的な状態にもかかわらず、誰も会社全体を見ようとせず、対策も講じず、むしろ、危機から目を背けているように思えました。

私は、その年の年末、懇意にしていた東京の会計士の先生に、会社の財務の数字を見てもらうことにしました。会社の会計に携わっている会計事務所に相談する方法もあったのですが、少し離れた立場から客観的な意見をいただきたいと、個人的な御相談をしていた先生にお願いしたのです。

会計士の先生は、即座に、上場企業にしては小売業本業の数字が悪いと指摘されました。また先生自身、あるファンドから、我が社がＭ＆Ａの対象になっているという噂を耳にしたと教えていただきました。我が社はもうぎりぎりの崖っぷちにいたのです。

もし、我が社が他社に買収されることになれば、大幅なリストラは避けられないでしょう。従業員と御家族の生活を守ることができなくなります。取引先や県内の消費者の方々に対しても、社会的責任を果たすことができなくなります。

鹿児島県は、日本の中でも第一次産業が特に盛んな地域です。鹿児島県が元気であれば日本の食を守ることができます。

我が社はそのことも強く意識して、地産の商品を数多く扱ってきました。鹿児島県内ばかりでなく、全国へ提供できるような道筋も探っていました。買収されれば、それもかなわなくなってしまいます。

鹿児島県で生まれたタイヨーが存続していくことで、地元の雇用や産業を守っていくことができます。

『我が社が長く続いていく歴史の中では私は一つの〝点〟でしかないけれど、創業者一族の嫁として、タイヨーを永遠に存続させていきたい。会社を今のまま続けていくことで、鹿児島の雇用、第一次産業を守りたい』

唯一の手立てがＭＢＯでした。上場を廃止して、経営陣が株主から自社株式を買い取るのです。

株を集中的に所有することで経営権を握り、スピードのある改革や意思決定が実現します。新規事業も躊躇なく推し進めることができるようになるでしょう。また、知らないうちに株を買い占められる心配はなくなります。

私がＭＢＯを決断し、実際に動き始めたのは２０１３年の春からでしたが、道のりはたやすいものではありませんでした。

東京の会計士の先生がメガバンクの顧問をされていたこと、我が社の取引銀行様でもあり、実際にＭＢＯの実績を持つそのメガバンクにお願いするのが一番よいと判断しました。運のよいことにプライベートバンカーを通じ副頭取を紹介していただくことになりました。

しかし、いきなり話を持っていったところで、どれほど信頼していただけるかわかりません。とにかく私が本気なのだということを知っていただくために、必死で話を致しました。後日、グループの会長が鹿児島に来るということを聞き、ここでも数字を示し、崖っぷちの思いで必死に話を致しました。なんとか時間を作って別件の海外のある手続きについて、銀行様から夜にお電話をいただけば、一晩で必要な書類を一式準備して翌朝に提出するなど、持ち前の行動力で自分のやる気を示しました。

たとえＭＢＯとは直接、関係のないことであろうとも、やると言ったことは約束通りに実行する。そんな私の姿勢が伝わっていたと思います。

そのかいあって、銀行様からは「清川照美は初志貫徹で行動力のある人だ」という評価をいただいていたようです。「清川照美という人物の力になりたい」というお言葉をいただきました。

ビジネスのスキルや経験がどれほどあるかよりも、どれほど会社と地域のことを考え、熱意を持って取り組んでいくか。そんな私の姿勢や性格を買ってくださったのだと思います。

２０１３年6月27日、私は新しく立ち上がった改革推進部の部長に就任すると、精力的にＭＢＯ後の改革の準備を始めました。この時、社内の人間は全く知る由もありませんでした。ＭＢＯというのは、通常、買付側と売る側、二つのプロジェクトチームを作って行うものですが、買付側のほうは、弁護士や会計士の先生の助言を得ながら、社内は私一人で事を進めました。

東京に毎週通って準備を進めるのは大変でしたが、多くの方々に助けられ、２０１３年9月12日、無事にＭＢＯをやり遂げることができました。

以後、順調に経営は回復、新しい出会いにも恵まれて

ＭＢＯを行ってからすでに今年の秋で7年になろうとしています。銀行様からの借入金は、２０１３年秋のＭＢＯの時点で４５４億円でしたが、その返済も予定より早く進み、２０２０年3月時点での6年半で１５０億円まで縮小、約３００億円の返済を致しました。

タイヨーの経営は急速に回復しており、それに多くの方が驚いて、「ＭＢＯの理想形だ。タイヨーの奇跡だ」と言ってくださいます。「きれいだ」、「よどみがない」とのお言葉もいただきます。世の中にはいろいろ思惑を持ったＭＢＯもあるようですが、スピードを持って意思決定をし、会社を立て直してお客さまの豊かさのために地域に貢献するという、本来のきれいなＭＢＯのあり方だと自負しております。

あらゆる改革に取り組んできましたが、一番は、やはり社員のみなさま方の意識改革でした。

「企業は人なり」とは古くからよく言われている言葉ですが、我が社には能力のある社員がたくさんいらっしゃいます。しかし、かつては学習の機会を与えられるこ

とがなく、自分たちで考えることをしないまま、眠ったままの状態になっている人がほとんどでした。

その方々に目を覚ましていただき、頑張る人たちを評価したいと思いました。そこで「会社を元気にするため、未来に向かってみなさんの夢を我が社で実現してほしい」とひたすら話しかけ、少しずつ、みなさんの意識が変わってきてくれたのだと思います。

具体的には以下のような手順で進めました。

■まず全体として

・現状の自社の真実の数字を見てもらう（本業の小売業の数字はどうなのか？）
多くの社員は売上と荒利益しか理解しておらず、残念ながら営業利益が純利益と思っていた管理職がいたほどです。
・会議を減らす（年間毎日朝8時半から夜9時くらいまで会議漬け→週1回月曜日午後1時から6時に終わらせる）
・資料を減らす（店舗社員も管理職も資料作りに追われる→無駄を省く）

■店舗や各部門での改革・意識改革

①赤字店舗の立て直し

・小規模改装（人間力と掃除力を活用した150万〜200万円規模の改装）
・徹底したバックルーム、トイレ、窓の掃除
・お客さまが入りやすい通路幅と導線の確保
・お客さまのニーズにあった量目の見直し（世帯人数が減っている現在の状況に合わせる）

②赤字部門の立て直し（精肉・食品以外全部門赤字→すべての部門が黒字に）

以前は、自分たちの部門は赤字でも、他の部門で補ってもらえればよいという考えでした。そこで事業部制の考えを打ち出し、部門内で損益を管理することにしました。

③改革実行のための意思統一――会議のたびにみなさんに伝えてきたこと

・1年目「売上」から「営業利益」へ

・2年目「人時売上」から「労働分配率」へ
・3年目「ローコストオペレーション」（後に「チェーンストアオペレーション」）
・4年目「経営者意識」
・5年目「無駄をなくす」
・6年目「筋肉をつける」
・7年目「前向き」

これらに取り組んだ結果、かつて90数店舗あまりの中、50店舗以上に及んでいた赤字店舗は、現在、かなりの数まで縮小しています。また、オーガニック指向の食品スーパーのオンリーワンでも経営改革を進め、かつては8年間、年間5000万円の赤字続きだったものを意識改革、ローコストオペレーションにより、5カ月で黒字化を果たしました。

現在は新しい業態にも挑戦しています。

一つ目は、ローコストで運営するプロトタイプ店です。入荷した商品はすぐに売り場に並べてバックルームには在庫を持たないようにし、我が社通常の店舗の3分の1の人員で運営できるようにした200坪ほどのお店です。すでに10店舗ほどオープンしていますが、すっきりと洗練されたデザインが新鮮で、お客さまから大きな支持を得ています。今後、厳しい既存店もこのタイプに徐々に転換していくつもりです。

二つ目が小さな試みですが、スーパー内で薬を販売する売り場を作ることです。ドラッグストアは本来の薬ばかりでなく、グロサリーをはじめ、酒、米、生鮮などを格安で扱い、食品スーパーにとっては手強い相手になっています。それに対抗して、我が社の店舗でも薬を扱えるようにしたのです。今や小売業の垣根はないと思います。

2015年から社内で登録販売者の勉強をしていただき、2016年より、本部にモデル店舗を作って社員向けに薬の販売実験を始め、現在は5店舗ほどで営業しています。医薬品を販売できる専門職・登録販売者の育成も図り、現在145人ほどまで増えました。

三つ目が、よりよいモノを安く、より多くの方に利用していただきたいと始めた超ローコスト運営のディスカウント業態です。2020年、宮崎地区の赤字7店舗から始めます。今期中には結果を出す予定です。

会社は社会のもの、地域に貢献できる企業に

当時、タイヨーの社長は主人であって（２０１８年5月、息子が社長に就任）、私はその妻に過ぎませんでした。そのことについても多くの方から「それなのに、なぜ、ここまでやれたの？」と聞かれます。

私は、主人と結婚してすぐの時に、義父でありタイヨーの創業者である当時の会長から、「照美さんは和彦（社長）の嫁ではない。タイヨーの嫁だ」と、ことあるごとに言われていました。

その時はよく意味がわからなかったのですが、和彦と共にタイヨーという会社を支えていく人だと、大事に思っていてくださったのだと思います。お見合い結婚でした。実家に帰ると、会長が迎えにきてくださったこともありました。

結婚当初から、私は、主人が目を通さなければならない会社の書類であったり、経営に役立つと思われる新聞記事などを事前に読み込み、忙しい主人がすぐに理解で

きるように、重要な箇所にラインを引いて渡していました。

経営に関する様々な本も読み、やはり、重要と思われるところにマーカーを引いたり、付箋を貼ったりして主人に渡しました。私は少しだけ読むスピードが速く、自分でたくさんの本を読んだことで、自然に経営の知識が得られ、考え方を学べたのだと思います。

また、他の企業の経営者の方、会計士や弁護士の先生、銀行の方とお会いする機会が多く、そこでお話を聞いていく中で、数字にも強くなっていったのだと思います。

実際に会社の仕事に就く機会もあり、黒子としていろいろな発想をもとにクリエイティブに社内の事業に関わってきました。オンリーワン（オーガニックを目指している店舗）、公益財団法人清川秋夫育英奨学財団、一般財団法人タイヨー財団、鹿児島の食農教育を考える会の立ち上げ等です。

また、当時、問題児と言われていた赤字部門の焼き肉店のクムヨンや、酒販店のベリーマッチの立て直しにも取り組んでまいりました。

通常は、問題があれば原因をデータで分析して判断するのでしょうが、私は直観ですぐに結論を出します。結論をイメージして瞬時に映像で思い描けるのです。もちろんデータも大事ですので数字に強い部下に頼んで揃えますが、多くの場合、判断した後に確認のために使うことが多いです。

また、数字も感覚で見ています。問題のある箇所は大きく光ってパッと目に入ってくる感覚です。部下が作る提案書や企画書も、簡単には承認の印を押さない前提で目を凝らします。すると、あやふやだったり、自信のない箇所が見えてきます。

「副社長は鋭い」ともよく言われます。

この勘のよさとファジーなものもすぐにイメージできるところが、スピーディーな決断と指示につながっているのでしょう。指示は言葉だけでなく、ラフ案を書いて渡します。イメージを形にして伝えることは大事なことです。

MBO後、本部の1階と2階のフロアを1階に統合した時も、私にはやる前から完成図が見えていました。店舗のリニューアルも数多くやって参りました。目を閉じ、イメージをし、現状図面をハサミで切って並べていく幼稚な作業です。それを社員がパソコンを使いきれいに描いてくれます。今では口頭で伝えるだけで改装図面が出来上がります。

「よい会社にするには、常に問題意識を持ち改革していこうという目を持つこと」が大事です。そして、迅速に行うこと。決断したら躊躇せず突き進む。間違ったと思ったらやり直せばよい。でも、たいがいは外れません。

上場した会社は株主のものです。しかしながら、MBOを行ってプライベートカンパニーになった今のタイヨーは、私の意識の中では、上場している時よりもさらに、社員の方々のものであり、社会のものです。その意識は日に日に強くなっています。

我が社に縁あって入社していただいた方々には、一度しかない人生ですので、我が社で自分の夢を実現していただきたいと思っています。

また、我が社はお客さまに支えられ、お取引先様、生産者の方々、たくさんの方々の協力のもとでここまで育てていただきました。

そのことを踏まえて、どれだけ社会に貢献できるのか。そのことを考えながら経営に携わっていきたいと考えています。

第1章

奇跡を起こした五つの信念

奇跡を起こした
五つの信念

これまでMBOを始めとし、
社内のさまざまな改革に取り組み、
「タイヨーの奇跡」と呼ばれる回復を果たしました。
その原動力となったのが、
左に示した五つの信念です。

覚悟
意識改革
スピード
感謝
教育

八方塞がりでも天井は開く
――覚悟

人生、生きているとなんで自分だけがこんなに苦しいのか。どうしても耐え難い思いはあると思います。

八方塞がりでも天井は開けられるのです。ではどうしたら開けられるのか。起こっている事柄に心から感謝をします。気がついたら乗り越えています。そしてまた次の壁にぶつかり、また悩むのだと思います。

私も還暦を過ぎました。そんなことに気づける歳になったのです。とにかく逃げない。必ず天井の扉は開きます。

60点で走る
——スピード

今の世の中、スピードを持って仕事をしましょうと言われています。実際、仕事をやっていくうえで大事なことは結果を出すことであり、そのためにはスピード感は不可欠と言えるでしょう。私も部下たちにはスピードを求め、実際に猛スピードで経営を立て直してきました。よく、「なぜそんなに仕事が進むのですか?」と聞かれます。

まず、100点は求めないことです。社員のみなさんには、60点でよいから走り出してくださいと言っています。

社員にとっては、初めから100点を求められないため、多少の失敗を恐れず、勇気を持って踏み出すことができます。最初から完璧を目指さなくてよいと伝えることで、緊張感なくスムーズなスタートを切ることができるのです。

1回目に得られる点数はたとえ低くとも、何回も繰り返すことで、気がつけばかなりよい結果を出すことができます。ペンキ塗りと一緒です。まず1回塗って60点、残りの40点は、2回、3回と重ね塗りをすることで獲得すればよいのです。

とにかく一歩踏み出し、状況を見ながらしだいに完成形に近づいていく。最終的に100点に近づけばよいのです。

そうすることでスピード感のある仕事を実現することができます。

なぜＭＢＯを成功させることができたのか？

――意識改革

「なぜMBOを成功させることができたのか?」

多くの方からこのような質問を受け、そのたびに自分がしてきたことを振り返ります。一番大事なことは、社員の意識改革ができたこと、そして二番目に、旗を振るリーダーとして覚悟を決めたことだと思います。

何がなんでも成功させる。そんな意志の強さです。

かって我が社は売上にしかこだわっていませんでした。そこで私はMBO後の1年目は、売上ではなく「営業利益」という言葉を徹底して使うようにしました。

2年目は「労働分配率」という言葉を使いました。以前はやはり「人時売上高」や「人時生産性」という言葉が社内で一般的でしたが、意識してこの言葉を使うようにしたのです。同じように3年目は「ローコストオペレーション」、4年目は「経営者意識」、5年目は「無駄をなくす」、6年目は「筋肉をつける」、そして7年目は「前向き」……。

働く人すべてに経営者意識を持ってもらいたいと願いました。

毎年一つずつ方向性を出し、同じ言葉を日々繰り返し言い続けることで、言葉に魂が宿り、意識改革を成功させることができたのです。

多くの部署を経験しながら、経営者意識を育成

——教育

私は子どもを3人育てました。その経験からでしょうか。人を育てるのが好きです。

2013年、MBOを実施して、会社を大きく改革しようとした時、私は次の社長のブレーンを育てなければと思いました。5年後に息子が社長に就くことを想定し、その時、一緒に会社の経営を担える人材を育成しなければと思ったのです。

どうやって育てればよいのか？

初めは一人の社員に、私の秘書になって働いてもらうことにしました。私にピッタリとついて回りながら、私が取り組んでいる仕事、つまり、人事、総務、財務、システム、販促、アパレルをはじめ、部署を横断して行われている改革のプロジェクトや会議に関わってもらい、来客にも同席してもらいます。

人事部であれば人材の異動の話に加わってもらい、財務部であれば、銀行様との話、お取引先様すべてとの交渉に同行してもらいます。総務部であれば会社の運営に関する文書や報告書、法務に関する件、経営企画部では会社政策立案をしたり、弁護士の先生のリーガルチェックにも同席してもらいます。開発部門であれば実際に土地を見に行ったり、売買の話を聞いたり、店舗の図面を引いたり。販売促進部であれば、チラシのレイアウトを作ったり、テレビ局へ同行してもらって、スポンサーを務めている番組の内容を検討するようなことも一緒にしてもらいます。さらに公取・税務署・労基・県庁・別会社などさまざまな所に同席していただきます。

とにかく私が関わる仕事すべてに関わってもらったのです。二足の草鞋《わらじ》どころか、百足の草鞋を履くような状態です。

会社のすべての部署の仕事を知り、会社全体を俯瞰《ふかん》して見ることができるようにするためです。経営者の視点を持ってもらいたかったのです。

一人の社員から始まった人材育成は、翌年には7人になり、その翌年にはもっと増え、今では数十人ほどのTERUMIチルドレンが育っています。

秘書を務めた社員の年齢や経験、役職は多様です。少し仕事に慣れてきたら、課長の立場で私についた人ならば、「あなたが部長だったら、この問題はどう思いますか?」と、さらに余裕が出てくれば、「あなたが社長だったらどうしますか?」と、上の立場になったつもりで意見を求めます。

秘書たちにとっては、毎日毎日、シャワーのように仕事が振りかかってくるような気持ちだったでしょう。最初は目を回すばかりでしたが、それでも1カ月もたてば慣れていきます。

　毎日の仕事をこなし、数カ月もすると、経営者の意識で物事を考えるようになります。そうなると、人は一回りも二回りも、いや、人によっては十回りも大きくなります。最近では「僕は清川照美に改造された」と言う人まで出て来ております。早い人は3カ月から、長くとも1年くらいで卒業していくのです（同時に2人、3人と複数の秘書を抱えていた時もありました）。

　私にとっては同じ人がそばにいてくれるほうがどれだけ仕事が楽か、しかし、本人の成長を思う時、大きく成長してほしいので使命を持って次のポジションに送り出します。

　人を育てるとは愛情を持って指導する。本当にその人のことを思って話をした時、人は変わってくれますし、成長してくれると思っています。

「ありがとう」は魔法の言葉

——感謝

社員のみなさんありがとうございます。今の会社があるのは、ここで働くみなさん一人ひとりのおかげです。一度しかない人生の中で、我が社で働くことを選んでいただいたことに深く感謝します。

みなさんには、我が社で働いていてよかった。そう心から思えるような会社に、私はなってほしいと思っています。

御本人はもちろん、お子さんたちにも、「お父さんはこの会社でこんなに活躍しているんだ」「お母さんはこの仕事でお客さんに喜んでもらっているんだ」そう自慢できるようになっていただきたい。

「ありがとう」は、魔法の言葉です。感謝することで、自分が幸せな気持ちになれます。そして、人も幸せにしてあげられる。そんな気持ちにさせてくれます。人を幸せにしてあげられると気がつけば、自分もさらに幸せな気持ちになれます。「感謝」することで強い心ができるのだと思います。私はこの言葉で、多くの困難を乗り越えてきました。そしてこの自分の体験を、たくさんの人に伝えたいと思います。人に感謝し、常に何事にも前向きで、ポジティブな姿勢で向き合いたい。我が社では、そんな人が育っていく社風であってほしいと願っています。

第2章

営業利益の理解と数字の勉強をしてもらう

数字の勉強

我が社は残念なことに、MBO前は営業利益が純利益だと思っていた社員がほとんどでした。「営業利益3％を目標に頑張りましょう」と言っても、どの数字からどの数字を引けば出てくるのかわかっていなかったと思います。理解していたのは売上と荒利益率のみ。これでは会社の数字がよくなるはずがありません。私の秘書についた方々には本を差し上げ、経営数字の勉強をしていただきました。

今日では全正社員にスーパーマーケットの基本と、特に財務の勉強を中心に年に数回の試験を行っています。上位者は社外のセミナーにも行ってもらいます。2019年は役員も含め管理職もテストをしてきました。

きれいごとの前に、まず店を黒字に

ＭＢＯ前のタイヨーの店舗では、年間にわたって多様なイベントが開催されていました。そのたびに店の外をプランターで飾ったり、のぼり旗を立てたり、店内に舞台を設置したり……。備品にかかる費用もさることながら、社員、パート、アルバイトのみなさんも総動員するため、何より人件費がかかっていました。

お客さまのため、地域のため。

確かに、企業にとって社会貢献は大事なことです。もちろんそのような会社を目指すべきです。しかし、利益も出ていない段階で、社会貢献を謳うのはおかしな話です。ましてや、利益を上げることをまるで悪いことのように言うのは、全くの勘違いでしょう。会社は存続できなくなります。それどころか我が社は多大な借金を背負っています。

まずは店を黒字にする。利益を出し、税金をしっかり納める。それが何よりの社会貢献です。きれいごとを言う前に、現実に目を向けるところから始めなければいけません。

今は経営基盤を作る時なのです。

勝負は5年で

物事を進めるにあたり、自ら期限を設けて取り組むことは大切なことです。

ＭＢＯでは銀行様から454億円を借り入れました。そしてそれを返済するのに、10年かかると言われました。

しかし、私は、5年でもとの借入金に戻すスキームを描きました。

銀行様やＭＢＯでお世話になった弁護士の先生、会計士の先生たちからは、こんなレベルの低い改革案では、できるはずはないと笑われていたそうです（後から聞いた話ですが）。

私は経営については全くの無知であり、レベルが低いのは当たり前と開き直ることにしました。実行することがすべてであり、結果を出せればそれでよいのだと腹をくくりました。とにかく「絵に描いた餅」で終わらないよう、実際に餅を作ることだけを考えました。

対策を作り、実行していくのです。

結果的には、1年で会社を黒字（21億円の営業利益）にすることができました。それで1回目のリファイナンスで借り入れの条件を見直すことができ、実際には約3

年半でMBO前のレベルである借入残高250億円まで借入金を減らすことができたということです。

MBOの実施に際して銀行様からは不動産を売却し、100億円の現金を作るように指導されました。

しかし、地方で土地を売りに出しても、簡単に売れるはずはありません。値下げを余儀なくされ、3分の1の価格でしか売れないでしょう。つまり、100億円を現金化しようとすれば、500億円ある不動産のうちの300億円を手放さなければならなくなります。

それはとても不可能であり、経営はできません。我が社が売ったのは12億〜13億円だけでした。

退路を断ち、命を削って経営を立て直していくことを覚悟し、最前線で陣頭指揮を執りました。

MBOから約1年半の間の睡眠時間は毎日3時間、休みなしで走り続けた結果、身体を痛めました。体力的には一番きつかった時期でした。

しかし、自ら期限を定めて向かうことで、周囲にその必死さは伝わりました。モチベーションを保ち、崖っぷちを歩き続けるのは5年が限界かなと思います。〝勝負は5年で〟と期限を決め、自分に言い聞かせながら走ったので、走れたのかと思います。

まず掃除から――誰でも会社は黒字にできる

ＭＢＯ前、我が社の多くの店は汚れていました。

出入り口付近の壁にはもちろん、窓にまでびっしり掲示物が貼られ、店内が薄暗くなっているありさまでした。天井に蜘蛛の巣が張っていたお店もありました。

バックルームはさらにひどく、在庫は山のようにあり、通路にまでびっしりとダンボールが積まれていました。バックルームは在庫の山で〝開かずの間〟があった店舗もあったほどです。

「我が社のお店は、取引先様のゴミ置き場なの？」

そう思ったほどです。

そこで始めたのが掃除でした。ＭＢＯ後、業績業務改善課と共に一店舗、一店舗のバックルームの掃除から始めたのです。トイレ掃除、ペンキ塗りを行いその結果、多くの店舗では黒字化を果たすことができました。今でもまだまだですが、80点を取れるくらいにはきれいになったと思います。

掃除で会社が黒字に？　そんなバカな？　そんな簡単にできるのなら誰でも苦労しない！

そう思われる方も多いでしょう。

しかしやってみてください。

バックルームをきれいにする。バックルームの在庫を適正にする。特に不良在庫は処分する。それを徹底することで、お店の経営も向上していくのです。

家庭での倉庫・冷蔵庫も一緒です。物をためている場所をきれいにしないと、金運は上がりません。「みなさんの自宅も一緒だからね」と話して聞かせています。納得していただき、一生懸命片づけてくださいます。

この時の不良在庫の山は当時、閉めていた店舗（与次郎店）に一堂に集め、期間限定で店を開け処分しました。

タイヨー唐湊店（プロトタイプ店舗）

オーガニック指向の食品スーパー「オンリーワン」

銀行様から多額の
お金を借りるには、
日頃の小さな信用から

MBOでは銀行様から454億円もの多額のお金を借りました。借りることそのものが不可能に思えましたが、なんとか実現できました。なぜ可能になったのでしょう?

そのためには基本的なことを守るのです。

ビジネスで一番大事なことは信用です。まず、嘘はつかない。それがたとえ小さなものでも、嘘をついてはいけません。

もちろん時には方便は必要だと思います。私も、人を傷つけないための小さな嘘は、必要な時があるかもしれません。しかし、明らかに人をだますような悪意のある嘘はいけませんし、まずい事態を招いた時の言い訳がましい嘘も見苦しいだけです。

世の中を動かせる人たちは、人の心を一瞬で見抜くことができます。

頭のよい人ならば、たとえ何があろうと、下手な言い訳や、小さな嘘はつかないことです。

日々の生活の中でも、小さな約束ほどしっかりと守ることを忘れてはいけません。

銀行様に対してはもちろん借りたお金は返す。銀行様との約束の日時はしっかりと守ることです。

時折、利子は払い続けているのに、元金はそのままにしている会社がありますが、それでは銀行様としても、それ以上の融資を考えることはないのではないでしょうか。たとえば1億円の長期、短期の借り入れを上手に回している。賢いのかもしれませんが、会社の規模はそれ以上に大きくなりません。

会社を伸ばしていきたいのであれば、借りたお金は一旦、返すことです。そうして信用を得て、次にさらに大きな額を借りて、より大きな事業を展開していく。そのお金も約束通り、本業できちんと返済して、次にさらに大きな融資を受けていくのです。

これを繰り返すことで、事業の規模は大きくなり、信用もまたより厚くすることができると思っています。

お陰様で2020年3月、借入額が150億円に減り再度、無担保にての融資を受けることができました。将来のコロナリスクを見据え、プラス60億円と170億円の借り入れ枠まで準備することができました。感謝以外の何ものでもございません。

第3章

スピードを持って人を育てる

一つの部で100点よりも、複数の部署で60〜70点を

前述の通り、将来、会社を牽引するブレーンを育てたいと考え、私の秘書として働いてもらった人は、今では数十人以上になりました。短ければ3カ月、長ければ1年ほど一緒に仕事をすることで、精鋭たちが次々と育ってきております。

ある人は、初めの1週間は目が回るほどでしたが、私と仕事をした時間は1カ月が1年くらいに感じられるほど、充実していたと言ってくださいます。

また、別の人は、それまで自分は歩いていただけだったが、やがて自転車で走るようになり、3カ月後はF1のレーサーになったみたいだったと言っていました。それほどみなさん誰もが特別な経験をし、大きな自信をつけていきました。

同じ仕事をコツコツと続け、質を高めていくことはとても大事なことですが、定年まで同じ部署で働いてくださったとしても、100点満点中、90点ほどまでいけるのがせいぜいではないでしょうか。というのは、時代は常に変化し、進歩して、満点の仕事をしたと思っても、その時にはまた新しいことが求められるからです。

一つの仕事で100点満点を目指すよりも、いくつかの部署を回りながら、それぞれ60点～70点を取っていったほうが、個人のスキルは上がっていくと思います。違う部署で違う仕事に取り組む経験は、単なる足し算ではなく、それ以上のものになります。違う型に進化するわけです。

私は秘書たちにもそのようなことを期待し、また、秘書たち自身、会社のトップのポジションに上がる意欲を持ってほしいと伝えてきました。

そのかいあって、これまで多くの人が大きく育っていきました。卒業した秘書たちの多くは、店舗の現場へと飛び立ちました。店長として、今度は一つの店舗を任されます。そこで経営者の視点で、店舗を運営していきます。

店で結果を出すと本部に帰ってきていただき部長のポジションに上がっている方もいらっしゃいます。

1年後、再び、私のもとへ戻ってくる人もいますが、その時はさらに大きく成長し、すっかり別人のようになっています。「清川照美に改造された」と笑っています。

多くの人を見てきましたが、少しとんがっている人のほうが早く変わりやすいようです。個性があり過ぎて、今の職場ではちょっとはみ出てしまう人が、経営の視点を身につけることで、大きく変わっていきます。

波風を立てることが嫌いな平和主義の方でも1年後には自信をつけてはっきり物

事を言い、「嫌われるのがどうしたの」と言うくらいに変わった方もいらっしゃいます。もちろん職務として嫌われても、人としては慕われていらっしゃいます。

部下を育てるとは、
部下へ
愛情を持って指導。
「自信」を育てること

部下を育てること、人を育てることは、非常に難しいと言われます。MBO後、私は約6年半で数十人以上のTERUMIチルドレンを将来のブレーン候補として育成してきました。以前は、機会がなくその能力を発揮できずに眠っていた人々の意識を目覚めさせてきました。

そのためには、まずその人のキャパシティーと思われる仕事の、30%アップくらいの仕事をお願いします。

もちろん、いきなりやり切れるわけではありません。しかし、それまで能力がありながら、それを眠らせていた人たちです。キャパと思われるレベルの20%アップほどまでは、黙っていてもやれます。まずそれをしっかりと見守ります。さらに後の10%は、私が手伝いながら取り組んでもらいます。

こうして、かつての自分よりも遥かに上のレベルの仕事ができることを、本人に自覚してもらうのです。

やり遂げた仕事、でき上がった成果物については、しっかり認め、褒めます。場合によっては昇格させたりもします。しかし、人はこのような報酬ばかりを目当てに育つわけではありません。

効果が上がるのは、自らの成果をみなの前で発表してもらうことです。2、3カ月に一度行われている店長会議をはじめ、社員が集まる機会を用いて、できるだけ大勢の人の前で、自らの仕事の成果を発表してもらいます。

私一人が褒めるよりも、こちらのほうがよほど自信をつけることに役立ちます。そしてこの自信こそ、その人をさらに大きく成長させていく原動力となっていくのです。

縁があった人に、単にポジションだけでなく、それ以外の何かを受け取ってほしい。「自信」こそが、清川照美と一緒に時間を過ごした最大の成果だと思っています。

その様子を、私は母親のような深い愛情を持って、いつも見守っているつもりです。

タイヨーマーク

困った時、助けてくださる方が現れる

少し前に「引き寄せの法則」がブームになりました。強く何かを願っていると、それに共鳴するように、人や物、現象が引き寄せられてくる、という法則のことです。

私も同様の経験を何度もしています。

たとえば、あることを真剣に考えていると、それを実現する人に出会うことができました。

我が社の店で薬の売り場を作りたいと考え、ドラッグストアに詳しいプロがいたらなぁと思っていると、ふさわしい方が現れました。

物流のプロの方も同様です。そんな人がいればなぁと思っていたところ、現実にそのような方々と御縁がありました。どなたかに相談したり、人にお願いして探していた訳ではないのですが、その方々は今、我が社で働いていただいています。

先日もたまたま飛行機で横に座っていた方と雑談をしていたら、M&Aをずっと手掛けていた方とわかりました。現在、我が社は経営の立て直しの真っ最中でM&Aなどまだ考えられないのですが、いずれは新しい業種や業態に挑戦していかなければならない時がくるでしょう。その時に、この方が重要な役割を担ってくれるに違いありません。我が社に必ず御縁のある方だろうなと思い、お友達になりました。

私がいつも思うのは、これまでの人生で「人に助けられて生きてきた」ということです。困難が訪れた時に、必ず助けてくださる方が現れました。きっと運がよいのでしょう。でも、同時にそうして出会えた〝御縁〟を大切にする気持ちも大事なのだと思います。前向きに考え続けることで、いろいろな〝御縁〟をいただけます。人一人の力は知れています。会社の経営のためにいかに普段からよい〝御縁〟に恵まれるか、大事にするか。それを普段から強く意識することで、初めて「引き寄せの法則」は実現するのだと思います。

ある方がおっしゃっていました。採用では、人事担当者以上の人材は採れないと。つまり、よい社員に来ていただくためには、人事担当者にも優れた人材を置くことが欠かせません。もちろん最終面接には、社長と私も出るべきだと思います。

このことも、「引き寄せの法則」を実現するための一つの心構えです。

タイヨーのマスコットキャラクター
「サン丸くん」

人は苦しい場面で育つ

人は苦しい、ぎりぎりのところで〝育つ〟と思います。ただし、逃げてはいけません。逃げないことが〝育つ〟条件です。

身体は少し痛いところまで鍛えないと筋力はつきません。仕事も一緒です。

私自身、MBOをはじめ、その後の会社の改革では、苦しい思いをしながら取り組んできました。MBOを実施してから約1年半の間は休みなく働き、睡眠時間は毎日3時間ほどでした。

さすがに身体が続かず、週末に入院を繰り返したこともありますが、翌週の月曜日には必ず復帰して出社しました。点滴を受けながら仕事を続けたこともあります。その後も次々とハードルが待ち構え、社内政治の力学を受け、食事もできない、眠れないで6カ月で体重が12キロ近く減りました。今は元に戻っておりますが……。

ここまでやるのはいかがなものかと思いますが、身体と心が壊れない程度にやってみると、自分のレベルが上がった感はあります。おかげさまで経営は回復し、MBO時に銀行様から借りたお金も、予定よりもずっと早く返済が進んでいます。

少し厳しいところまで行かないと力はつきません。ただ、苦しい時は、一緒に見守ってくれる人、一緒に走ってくれる人が必要だとも思います。

読書を習慣づけて、スピーディーな人材育成を

経営に欠かせない資源が、ヒト、モノ、カネ、そして情報です。会社がよくなっていくためにも、これらの資源を入手して磨き、価値を上げていかなければなりません。

中でも最も重要なのがヒトです。今、働いてくださっている方々のレベルをどれだけ上げていけるのか。そのスピードが会社の行く末を大きく左右するはずです。私が直接、話をしても、伝えられる人には限りがあります。また、会社が教育を行っていくことも考えられますが、それなりの体制を整えなければならず、時間も手間もかかります。

それよりもっと簡単な方法があります。経営をはじめ、仕事に役立ちそうなよい本をたくさん読んでいただくのです。

しかし、多くの社員の方々は本を読む習慣がなく、活字に慣れていません。それではどうすればよいのか。

まず、役に立つと確信した本を厳選します。私自身、これまでたくさんのビジネス書を読み、経営の感覚を身につけてきました。その中から、これはと思えるモノを選び、その中の大事だと思える箇所に赤線やマーカーで線を引き、付箋を貼ります。それを秘書に手渡し、赤線やマーカーの箇所をペーパーに書き出して、本の最後に「要約」として貼ってもらうのです。

目につく場所に置いておくと、みなさんに手に取ってもらえるようになります。パラパラと眺める方、本の最後に貼った「要約」を見る方、いろいろです。「要約」を見るだけでも、本の意図していることやエッセンスを理解してもらえます。非常に短時間で本をまる1冊読んだ気になってもらえるわけです。中にはこの「要約」をスマホで撮って同僚に送る方もいます。

次の本を手に取ってもらう意欲も持てるようになります。自ら興味を持って、買ってじっくり読む方、借りて行く方も現れます。

このようなことを何冊も繰り返していくうちに、自ら本を手に取り、勉強する習慣ができていくのです。

実際、私はまず秘書になってもらった社員にこの方法で本を読んでもらうようにしたところ、非常に有効でした。読むように指示したわけでもないのに、机に置いておくだけで、読んでもらえるようになりました。

今後は各部署、各店に書籍を常備し、すべての社員に読書の習慣をつけてほしいと思っています。

会社に合う人に入社していただく

人は宝、会社の行く末も人しだい。優秀な人材がいることで、厳しい環境でも勝ち続けることができます。

そのためには人を育てる必要がありますし、何よりまず、自ら先頭に立って組織を引っ張っていける資質のある人材を採用すべきだと思います。

しかし、残念ながら、全員が全員、そのような資質を持った人に入っていただけるわけではありません。会社のベクトルに合っていない方が我慢して働き続けることは、非常に不幸なことです。会社にとっても、そして御本人にとっても。

私は2017年~2019年まで、鹿児島で仕事をしながら大学院（慶應義塾大学大学院経営管理専攻の修士課程）で経営学を学び、学友の中に大手企業の人事部長をされていた方がいらっしゃいました。その方は、「会社に合わない方は、入社していただかない。自分の目の前で働いていて、違和感のある人はNG」とおっしゃっていました。なるほどなぁと、改めて思いました。

何よりも、会社のベクトルに合う方に入社していただくことが大事だということです。

では、面接でどんなことを聞けばよいのか？

小学校、中学校時代は何をやっていたのか？　ここを聞くことで本人の本質が見えてくるそうです。

一生懸命だったことは？　今、土日は何をして過ごしているの？　友人からあなたはどんな人だと言われますか？

物事を素直に前向きにとらえているのか、それとも否定的にとらえているのか？

そこも大事なところです。

面接でこれらのことを聞き、疑問に思ったことは、なぜ？　どうして？　と深く聞いていきます。そして、その人自身の価値観や考え方を知るようにしています。

私たちは地域のお客さまのため、市民の豊かさのために存在します。お客さまのために働き、その中で成長していこうとします。そのような人を求めています。

逆に、お客さまのために働いたり、その中で勉強したり、成長したいと思わないのであれば、自分に合った別の道を探っていただきたいと思います。

会社にイノベーションを起こすために、今までとは違った角度からの人材確保が必要になる時もあるでしょう。

それでも、自分たちはお客さまのために存在し、そこで自分の成長を図っていく。
その基本は変わらないと考えています。

組織の発展には外部からの人材も必要になる

今タイヨーで働いている人に存分に力を発揮してほしい。そして頑張っている人たちが報われる制度を作りたい。そう考え、制度を整えていますが、一方では、経営の環境は絶えず移り変わっていきます。そして、それに応じて私たち組織にも、常に変化が求められます。組織も人材も、同じところにとどまっていれば、ダメになってしまうのです。

そこで、時にはそれまでとは全く違う人材を、採用しなければならないこともあるでしょう。それによって、会社にさらなるイノベーションを起こすのです。しかし、今は現在働いてくださっている方のレベルアップが大切で、外部から来た方々に管理職のポジションを持って行かれたら面白くないと思います。

我が社の経営が軌道に乗り、さらに飛躍を図ろうとする時、他の会社の方と共に仕事をしたり、M＆Aなどで別会社をタイヨーグループに迎えることもあるでしょう。すでに我が社ではそのための人材育成を始めています。未来のグループ会社の社長を務めていただけるような人材も揃ってきました。もちろん、その時は、外から人を迎えることもあります。

しかし、お客さまのために存在し、成長していく。その基本は変わらないと考えています。

頑張る人を
評価する

以前の我が社では、せっかく優秀な人たちが数多くいたにもかかわらず、その力を存分に発揮していただいていたかというと、そうではありませんでした。たとえば、部下がよい提案をしても上司は聞いてくれないこともありました。聞いてくれたとしても、それで得られた成果を上司は自分の手柄にしてしまう。逆にうまくいかなければ、部下の責任にしてしまう。

提案しても何の得にもならないのであれば、部下はやる気を失い、ただ、言われたことだけをやるようになってしまいます。

働いていても報われていないこともありました。たとえば部長より、課長の給料が高い。店長より、一般社員の給料のほうが高いことがありました。退職金も同様です。店長を経験するなど要職に就いてきた方よりも、一般社員の方の退職金のほうが高かったのです。

誰でもおかしいと思うような理不尽な現象がまかり通っていました。

私は、まず、そのような頑張っている人たちに存分に力を発揮してほしいと思いました。そのため、頑張っていることを評価し、報いることができる仕組みを整えていきたいと考えています。今期やっと、一般社員の人事制度改革に着手できるレベルになりました。公募制にして、30人のメンバーを集め、毎週、人事制度について活発に議論がなされています。メンバーの中には組合の委員長や書記長もいらっしゃいます。今期中に見直す予定です。

頑張っている方、ポジションに見合った責任ある仕事をしている方は、評価に値する給料をもらうべきだと思います。

たとえば、管理職については、２０１５年9月より満55歳以上の管理職の給与制度を見直し、それまでの段階的な給与引き下げを廃止して、職位に見合った給与の継続ができるように変更しました。

他にも頑張る人、結果を出し会社に貢献してくださった方が評価されるように制度を整えていきたいと思っています。

そうすることで、会社に利益がもたらされますし、何より本人がやりがいのある毎日を送れるのではないでしょうか。

まずは今我が社で働いている方は前向きに生き生きと働いていただきたいと思っています。

第4章

現場力を鍛える

即断即決のスキルの身につけ方とは？

ＭＢＯをした後の私は、社内では「押切照美」と言われておりました。経営者にとって最も重要な仕事は「決める」ことです。

役職が上がるほど、自分で企画したり、実際に仕事を進めたりする割合は減り（私は今でもやっていますが）、部下が行う仕事の進行を見るなど、いわゆる管理的な仕事が多くなります。

その中でも、「決める」仕事は管理職、特に、経営者にとっては最も大事な仕事と言えるでしょう。

私は副社長に就いてから、毎日のように決断を下してきました。それもスピーディーに。即断即決です。

そしてそのことについてもよく質問を受けます。「どうしてそんなにすぐに決断できるのですか」と。

たとえ部下が提案したことであっても、ゴーサインを出せば、その仕事の責任は上司が負うことになります。

そこでじっくり考え、熟考に熟考を重ねて……となりがちなのですが、そうこうしているうちに時間がたってしまいます。部下を持たない人であっても、考え過ぎてチャンスを逃してしまいます。

現実の仕事では、期日に迫られ、じっくり考えたり、分析したりする時間がないことがほとんどです。そんな状況でも、すぐに物事を決めなければなりません。

そんな時は、カッコよく言えば、武士の心意気を持つことです。斬るか斬られるかのギリギリの気持ちで仕事に取り組むのです。私はどんな仕事であっても、この気持ちを持ち続けています。

即断即決のスキルを磨く方法は、意外なところにあります。家中の整理整頓です。仕事が終わって自宅へ帰った後、私は、よほど疲れていない限り、いつもクローゼットや冷蔵庫、倉庫、家中の引き出しや棚を整理します。

これは本当に必要だろうか、それとも不必要だろうか。中身を出して判断して、いらないモノを捨てる（人にもらっていただく。ゴミに出す時は感謝して出す）ようにしています。

一日1回、せいぜい10分程度の作業ですが、これを行うことで何が大切なのか、決断の感性を磨くことができます。

片づけは
空間以上の物を
持たないことが基本

以前にどなたから聞いたのか、本で読んだのか忘れてしまいましたが、人生は日々、整理整頓であると、なるほどなと思ったことがあります。やはり、きれいに片づけられた家は風通しもよく、気持ちのいいものです。

よくテレビ、雑誌などで片づけのことが取り上げられていますが、基本は与えられた空間以上の物は持たない。そして、狭い家ならば広く住み、広い家であれば狭く住むことだと思います。

家に気持ちよく住むコツは、できることなら倉庫と生活空間を別にして、倉庫も常に片づける。そして、引き出しは5個あったら1個は空ける。そうすると一時的に物が増えた時はそこに入れればよいのです。

効率のいい仕事の仕方

私は会社での仕事の計画を、30分単位でスケジュールを立てていきます。実際に取り組む時は、その半分の15分ほどで終わらせるようにしています。

毎日、必ず突発的な出来事が起こります。それに対処するため、常に時間を確保しておく必要があるためです。予定の半分の時間で仕事を終わらせ、残りの時間を突然起こる別件のために備えておきます。といっても凡人ですから、すべての仕事を完璧にこなすことはできません。そこで私はパレートの法則（8：2の法則）を意識して仕事をするようにしています。パレートの法則とは、多くの部分は、じつは一部が生み出しているという理論のことです。たとえば、上位20％の商品で実に80％の売上を作っている。こんな話を耳にしたことはありませんか？本当に重要な一部の仕事に集中して取り組めば、後の大部分の仕事はそれに促され、自然に進んでいく場合が多いのです。いつもやっている仕事であっても、このような法則が隠れているケースは多々あります。

どれが、すべての仕事の進行に関わる重要なことなのか、日頃からそれを見極めるようにすれば、効率は格段に上がっていくでしょう。

やりたくないことを
頑張ると、
すべてうまくいく

どんなことでもうまくいく。そんな方法が本当にあるでしょうか。疑問に思う方は多いと思いますが、私の経験では一つだけ確かな方法があります。やりたくないことを頑張るのです。

勉強したくないなぁ〜。こう思っても頑張ってやってみる。

起きたくないなぁ〜。と思っても頑張って起きる。

掃除をしたくないなぁ〜。と思っても頑張って掃除をやり遂げる。

やりたいことなら、多少の困難は乗り越えて、やり遂げることはできるでしょう。でも、やりたくないことであれば、そうはいきません。やらない理由をついつい探してしまうのではないでしょうか。

普段の仕事でも、生活でも、「やりたくないなぁ〜」、と思う場面は数多くあると思います。そんな時でも、ちょっとだけ頑張ってやれるコツがあります。

タイマーを使って、とりあえず5分だけやってみるのです。

やり始めると思ったほど苦痛でもなんでもなく、意外に続けることができます。効果は抜群、もっと早くに気づいていたら、違う人生を送れたのではと思うほどです。

私は、自分の子どもたちがまだ小さい頃、この方法でなんとか毎日を乗り切りました。お皿、洗うのいやだな。でも、5分だけやってみよう。アイロンがけ面倒だな。でも、5分だけやってみよう。「お母さんはいつもタイマー持ってたね」、と今でも子どもたちに言われます。

それでもやる気が起こらなければ3分だけ。いえ、1分、いえいえ、30秒だけでもよいのでは。

こうして続けていると、わずかな時間も使えることがわかってきます。やらなければならないことをあらかじめリストにしておけば、すぐに始められて、時間を有効に使えたという満足感も得られます。

最近も、青果部門でこの方法を応用しました。青果の仕事を憶えようと、ある本をテキストとして、毎日、仕事前の10分間だけ勉強会を開くことにしたのです。わずかな時間ですが、続けたことで数カ月後には1冊を終えることができました。

テストも行いながら、60～70点を取ることができ、どこでも通用するスキルが得られたねと、みんなで喜びました。本人たちにとっては自信を得ることができたのです。

また、用語一つとっても誰もが共通に理解して使えるようになり、仕事のベクトルを合わせやすくなりました。指示・命令もすんなりと理解してもらえるようになりました。

青果部門はずっと赤字が続いており、勉強会を始めた年も4カ月で1億円の赤字を計上し、このままでは年間3億円まで赤字が膨らんでしまうところでした。しかし、勉強会で働くみなさんの意思を一つの方向に揃えることができました。売上や利益はみるみる改善し、年度末には2000万円の黒字を出すことができたのです。大きな成果でした。

それでも、私は今でも意志が弱くて、自分に負けてしまうと思うことは多々あります。まだまだですが、みなさん一緒に頑張りましょう！

仕事は1日か1週間と期限を決めて

仕事を進める時、計画や見通しを立てることは多いのですが、私はスケジュールについては、部下に二つの時間軸で指示を出しています。

一つは、朝に指示を出して「何時までにできる？」と、その日の夕方までに仕事をやり終えるのを求める方法です。

もう一つは、少し時間のかかりそうな仕事では、1週間後に必ず報告を求める方法です。

たとえ長期にわたって進めなければならない計画であっても、1週間に一度は必ずその進捗の報告を求め、進んでいることを確認します。1週間以上放っておくことはあり得ません。

初めのうちは、このやり方に部下は驚き、目を回しながら仕事に取り組んでいました。でもすぐに慣れて、スピーディーに結果を出すようになりました。

今では私が指示を出すと、部下のほうが「○○までには終わらせます」、「△△までには御報告します」と期限や〆切を自分で決めます。

多くの部下に同じことを求め続けたことで、今では我が社の仕事のスピード感は格段にアップしました。

スピードがあれば、どんな天才とでも戦える

ＭＢＯのために銀行様から新たに借りたお金は４５４億円（以前からの２５０億円も含め）にものぼりました。銀行様の方も、また力を貸していただいた弁護士の先生をはじめ専門家の方々も、みな、その返済には少なくとも10年かかると言われました。でも、私は5年で返済するスキームを立て、実際には3年半でもとの状態（２５０億円）に戻しました。

我々は凡人の集団です。一流大学を出た天才・秀才たちがたくさんいるような企業とは違います。しかし、仕事のスピードがあれば、そんな優れた企業とも互角に戦っていくことができると思っております。

頭のよい方であれば、必要な統計を探し出したり、それをもとに計算したり、分析したりして、精度の高い予測をもとに経営計画を練るのかもしれません。

我々はそんなことはできません。計画は直感に頼りがちですが、スピーディーに仕事に取りかかれば、たとえ失敗してもすぐにやり直すことができます。やり直して失敗して、またやり直す。それを繰り返せば、最も効果的な方法を見つけ出すことができます。そして成果にすることができるのです。

もちろんスピードのある仕事はそれ自体、効率化を果たし、経費節約も実現します。仕事を進め、終わったらしっかり数字検証をします。

時間で勝つことで、企業活動すべてに勝っていくのです。現在のように何が起こるかわからない世の中であればなおさら、計画、分析に多くの時間をかけるのではなく、スピーディーに試行錯誤を重ねながら成果を上げていくやり方のほうがずっと現実的です。

もし、我が社が借入金の返済に10年かけるような悠長なことをやっていれば、スキを突かれて、かつて噂されたように他社に買収されるような危機に陥っていたかもしれません。

スピードこそ、勝ち抜いていくための大きな武器なのです。

タイヨー本社

会議を集中させると、すべてがスピーディーに進む

ＭＢＯ後、我が社をあらゆる面から改革してきましたが、本社で取り組んだ一つが、会議の改革でした。

かつては月曜日から日曜日まで毎日会議でした。しかも、朝8時30分から夜9時過ぎぐらいまで、びっしりと時間をかけていました。

また、会議に備えて各店舗の店長や主任などの関係者は、山のような資料を作らなければなりませんでした。本部でも朝から晩までパソコンの前でデスクワークに追われる社員の姿がありました。みな、午前様はしょっちゅうでした。

それだけ手間暇をかけておきながら、会議では何も決められず、決定までに半年、1年かかることは珍しくありませんでした。そして苦労して作った資料は、会議が終わればほとんどがゴミ箱行きだったのです。

会議そのものの時間はもちろん、資料を作っている準備の時間も合わせると、それはそれは膨大な時間を費やしていました。

ＭＢＯ後はそれを改め、本社で行う会議は、月曜日に集中させるようにしました。

「そんなのあり得ない。（議題を）終えられるはずがない」

初めのうちはそんな反発の声が多くありました。でも、やってみればちゃんとできたのです。

そしてむしろそれをきっかけに、どの仕事も進行が早くなっていきました。

たとえば、会議を月曜日に行い、そこで決議できなかった議題も翌火曜日には各部署でもう一度練り直します。決定事項は会議後すぐに実行できるようになりました。そして、その結果については次の月曜日の会議で報告を受けることができ、対策を次々と立てて実行しています。

実行して、検証して、次の課題の対策を立てて、また実行する。

早く短くサイクルを回すことで、仕事の質を向上させていくことを、本部の会議ばかりでなく、各部門でのミーティングでも、子会社の経営会議でも取り入れることができました。あらゆる仕事がスピーディーに進むようになったのです。

タイヨー
今年も
ありがとう
タイヨーの
お歳暮
西郷どんゆかりの地から
どんどんお届け！
TAIYO WINTER GIFT SELECTION 2018

現場主義を貫けば、真実が見えてくる

スーパーマーケットの理論についての本やセミナーはたくさんあります。売り場を作っていくマニュアルも、店舗運営の解説書も同様です。

でも、机上の論理だけでビジネスがうまく成功するのであれば、何もかも学歴の高い頭のいい方たちにお任せすれば、すばらしい結果が出てくるはずです。

でも、現実はそうはいきません。

すべての答えは、現場の店舗の中にあります。利益を出してくれるのは現場なのです。

そこで私もできるだけ我が社の現場である店舗を最低でも1週間に一度は巡回することにしています。95箇所の店舗を、これまで最高で一日に21店舗回ったことがあります。

店舗の入り口に立てば、この店舗は売れているのか、いないのか、雰囲気でわかります。バックルームに入れば、利益が出ているのかどうかもはっきりとわかります。資料でいくら好調な数字が並んでいても、現場を見ればすぐに店の問題点に気づくことができます。

アパレル部門の部長も兼務しているため、各店舗を巡回する際は、運動靴を履い

て、軍手をして、エプロンを着け、アパレル売り場のディスプレー作りも行ってい
ます。

いつも現場を見て、いつも現場に関わっているからこそ、感覚が磨かれ、真実を見る目が養われるのだと思います。

本部で働いている部長、課長をはじめ、社員全員が、数年に一度は店舗と本部のローテーションを経験すべきです。計画的に人事異動を行っていく必要があると考えています。

(2020.4)

変革の時代、
出世する方法は
いつの時代でも同じ

上にゴマをすり、いつもヒラメのように上しか見ない。会社員であれば、そんな生き方は仕方のないことかもしれません。

確かに、それも出世していく一つの方法だと思いますが、今我が社が求める人材は、自分の意見をきちんと言えて、しかも必要ならば強くそれを主張して実行に移し、一旦やると決めれば、他の人も巻き込んで心を一つに邁進《まいしん》していくような人です。

下級武士であった西郷隆盛が、なぜ島津斉彬《なりあきら》に気に入られ、上席に上り詰めることができたのか。そして明治維新を起こすほどの力を持ったのか。

現場を知り、自らの意見を手紙に書き続けたからです。単なる批判ではなく、問題点を見つけ、改善策まで提案したからです。そしてそれを自ら実行したからです。

改革の時に求められる人材は、いつの時代でも同じだと思います。

論点が明確な資料作りが仕事の効率性を高める

ＭＢＯ以前会議が月曜日から日曜日まで毎日あった頃、社員たちは朝8時半から夜の8時、9時まで会議に出席し、そのための資料作りに追われていました。まるで枚数が多ければよい資料であるかのように勘違いされ、膨大な資料が作られては、会議後、シュレッダーの中に消えていきました。

会議を週1回、月曜日だけにした現在、誰もが時間の使い方を考えるようになっただけでなく、資料の作り方やプレゼンの方法にも工夫を凝らすようになりました。プレゼンの時間は10分以内、そして用いる資料は10枚以内が基本です。

会議以外の資料や企画書なども同じです。

私が常に問いかける「なぜ」の部分がしっかり腹落ちしなければゴーサインを出しません。

いつまでに、どこで、誰が、どのように進めるのか。また、その結果どのような成果が期待できるのか、具体的な数値も示しながらシンプルにまとめてもらいます。

現状分析→問題点→解決策＝ガントチャートによるスケジュール表・コスト・結果予想。これらを念頭に端的にプレゼンしてもらいます。

また、特に解決策については、いつまでに、どこで、誰が、どのように進めるのか。また、その結果どのような成果が期待できるのか、具体的な数値も示しながらシンプルにまとめてもらいます。

会議以外の資料や企画書なども同じです。

私が常に問いかけるのは「なぜ？」です。この仕事は「なぜ」するのか？　この「なぜ」の部分がしっかり腹落ちしなければゴーサインを出しません。

このように論点をはっきりさせながら資料を作れば、作る本人も内容を整理しやすく、見落としている点があってもすぐに気がつくことができます。わかりやすく、説得力のある資料を作ることができます。何より作る本人が楽なのです。

プレゼンも短時間でよい発表ができ、仕事もスムーズに進みます。

第5章

リーダーとしての心得

人の本当の魅力とは？

仕事柄、たくさんの方々にお会いします。同じ経営者の方はもちろん、メディアに出ているような著名な方ともお目にかかります。

多くの方にお会いしていると、いつもブレずに自分の哲学を持ち、男性、女性に限らず〝男気があり、心の広い方〟が、かっこよく魅力的に見えます。

地球をあたたかく見守れるような大きな愛情でしょうか。

敵だらけでも
なんとかなる

上場廃止（MBO）を行った2013年の頃、約8000人だった従業員には、会社の現状を理解している人はほとんどいませんでした。
「会社はちゃんと利益を出しているじゃないか。（MBOなんて）何を言っているんだ!?」

多くの人がそういう反応でした。

そのような中、このままでは会社は潰れるか、買収されてしまう。そんな危機感を持って私はMBOに踏み切りました。

周りのほとんどが敵の中、独りで戦いに挑みました。

MBO後も、社内改革に邁進し、改革推進部を作ってそこの部長になりました。以前、業績業務改善課の7人を部下として、改めて立ち上げた部署です。

店舗の運営で経験を持つ彼らは、売上の上がらない店舗に集中的に入ってて入れをしてきましたが、改善できる店舗は1年に1店舗ほどがせいぜいでした。そして彼らが退けば、また赤字に戻ってしまっていました。

当時、90数店舗のうち、赤字の店舗は半分以上ありました。そこで、私は改革推進部のメンバーと共に、1店舗に2〜3週間と決めて入り込み、てこ入れすることにしました。主に行ったのが掃除です。1店舗150万〜200万円の経費です。この頃、我が社を立て直すにはどんなに小さな店でも3000万円はかかると言われていました。

もちろん、それだけではなく、店の導線であったり、レイアウトの変更などさまざまなことを行いました。やはり、店の空気を変えることを考えれば掃除が大きかったと思います。自らトイレの掃除をしました。便器をサンドペーパーで磨きました。ペンキ塗りもしました。信じられないくらい汚いトイレもありました。バックルームも徹底的に掃除をしました。

「掃除したって、店が黒字になるわけがない」初めは店舗の多くの人がそんな批判的な目で私たちを見ていましたが、冷ややかな視線を感じながらも続けていくと、トイレもバックルームもすっかりきれいになり、お店に新鮮な空気が流れるようになりました。

手を貸してくれる人も増えていき、売上を伸ばす部門も一つ二つと増えていきました。やがて店舗全体が活気づき、ついに店舗全体でも黒字を果たす店舗が数多く現れました。

1年後、改革推進部のメンバーから両手で持ちきれないほどの花束をもらいました。今まで黒子だった私が人生の大舞台に立ち、この日、初めてスポットライトを浴び、拍手をいただきました。「我々は会社のためではない。清川照美のために頑張った」と言われ、人生で一番うれしい花束でした。

あの時の7人のメンバーは（実に泥臭く汗を流してくれた）我が社の夜明けの原動力でした。心から感謝しています。

たとえ周りが敵だらけでも、自分の使命を果たすためならば、独りで戦わなければなりません。たった一人であってもとにかく始めれば、必ず応えてくれる人が現れます。自ら行動し、覚悟を見せれば、人の心に響き、人は動いてくれるようになるのです。

自ら渦巻きを起こして、全体の「気」の流れを変える

会社にイノベーションをどうやって起こすのか？　今までどんなコンサルタントも、どんな立派な社長さんも書いてこなかったことです。もちろん大学院でも教えてはいませんでした。机上論ではないのです。

これは私が実際に行って成果を上げたことです。

「気」の流れを変えるのです。

２０１２年７月、私が３年数カ月ぶりに会社に戻った時、役員によるひそやかな社長追い出しの計画がありました。90数店舗の半数以上が赤字なのに、人件費は10年前の１００億円から１・５倍の１５０億円に膨れ上がっており、このままでは間違いなく会社は抜き差しならない状態になってしまう、どこかの会社に買収されてしまう。そんな危機感でいっぱいになりました。

といっても私は役員でもなんでもなく、会社を動かす肩書きも権限もありません。一般社員の秘書役でした。

まず始めたのが、会社の掃除でした。

当時の会社にはどんよりとした重い空気が漂っていました。事業が行き詰まっているためか働いている人の気持ちも沈み、事務所も汚れたまま放置されていました。気持ちが沈むから事務所は汚れ、汚れるからまた気持ちが沈む。負の連鎖でどんどん空気が重くなっていたのです。

お金の都合がつくのであれば、事務所そのものを移転したり、リニューアルすれば雰囲気がガラリと変わるのでしょうが、残念ながら我が社にはそんなお金はありませんでした。

トイレ掃除を始めたのが2013年の1月1日。お正月です。社員は誰もいません。事務所の机も拭き始めました。私と同じ考えを持ってくださる人が一人でも増えないだろうか。たった一人でも小さな渦巻きを起こして、それを会社全体に広げたい。そう思って心を込めて独りで拭きました。

誰にも気づかれないようにと、まだ誰も出勤していない早朝に来て、続けました。多くの人は知らなかったと思いますが、間違いなく「気」の流れは変わったと思います。一時して、当時の役員から「そんな事をすると仕事がなくなる人がいる、止めてください」と言われ止めざるを得ませんでした。

トイレも机も、事務所がきれいになれば、気持ちよく仕事ができます。気持ちよく仕事をすれば、能率も上がり、よいアイデアも浮かんでくるでしょう。負の連鎖を断ち切り、正の連鎖へと切り替えることができました。

実際、私自身、なんとかしなければと動き回り、多くの人に助けられながら、その年の2013年9月、MBOを実施することができました。その後の会社の改革でも、まず、お掃除から始めました。

お掃除によって「気」の流れを変える。そして正の連鎖を作っていく。どんなことでも、それが出発点になると思います。

「片づけ」が筋肉質の会社を作る

マラソンをすることを考えてみてください。無駄な脂肪を削ぎ落とし、走り続けられる身体にする必要があるでしょう。

人生も、事業や会社も同じです。余計なモノ、無駄なモノがあれば、それを削ぎ落とし、筋肉質の身体にして、走り続ける必要があります。

お掃除の大切さはこれまでにも繰り返し触れてきました。私は整理整頓が苦手な部下がいると、引き出しを開けてもらい、「これがあなたの頭の中よ」と指摘します。ゴチャゴチャした様子がそのまま頭の中だと言われて、多くの人は片づけをしてくれるようになります。

仕事でも、常にどこかに無駄はないか、余計なことをしているのではないか。そういう視点で仕事を見直していくことで、効率を上げていくことができるでしょう。

私は自宅にいる時、タイマーで5分、10分と時間を決めて、引き出しやクローゼット、倉庫、本棚etc.の片づけをしています。いるいらないを即座に判断して、いらないモノはすぐに整理し、感謝してゴミ箱に入れます。

経営でも何が大切で、何が不必要なのかを常に判断する必要があります。こうしてその判断力を鍛えています。

2フロアを1フロアにまとめて、仕事の効率を格段にアップ

かつての我が社の本部を知っている人たちは、まるで伏魔殿《ふくまでん》のようだったと言います。

事務所には重たい空気が充満していました。また、1階が営業部門、2階が管理部門に分かれており、1階と2階の社員が電話で連絡し合う場面がたびたびありました。しかも、その場で話を済ませればいいものを、わざわざ電話で日にちを決めて、改めて話し合うのです。

同じ会社の同じ建物の中で仕事をしているのに、電話でアポを取って話をする。そんな遠回りの仕事をしていたのです。今、思い出せばおかしな話です。

MBOから約1年後、私は、会社の事務所を2フロアから1フロアに変更しました。

「1フロアにそれだけの人数が入るはずがない」初めはそう猛反対されましたが、やってみるとあまり違和感もなく、仕事が進むと感謝されました。

引っ越しの後、空いたほうのフロアを見ると、使わなくなった机やイス、本棚、書類、数十年前のカタログ、書籍などがたくさん残っていました。また机の引き出しを開けると、中には文房具類がゴチャゴチャと山のようにありました。まるでゴミ箱のようでした。いかに無駄があったのか、改めてわかりました。

社員がみな同じフロアにいれば、必要な時にすぐに話ができます。今ではあちこちで立ち話で打ち合わせしている姿が見られます。時間がかかりそうな場合でも、フロアの真ん中に置いたテーブルでミーティングをする姿を見るようになりました。仕事の効率は格段に上がり、スピードアップしました。

お客さまをお通しする部屋には気を遣いましたが、役員室などの特別な部屋は作りませんでした。私も社長も部下たちのすぐ横に机を並べ、一緒に仕事をしています。

同じ部屋の同じ空気を吸っていれば心が通じるし、こちらの考えや思いも伝わりやすいと思ったからです。何よりも部下たちと絶えず接していることで、社内で何が起こっているのか、即座に知ることができます。

久しぶりに我が社に来られた方は、まずその活気に驚きます。会社の雰囲気は激変し、別の会社になったと勘違いされた方もいらっしゃいました。

ある方は本部のすぐ外から私の携帯に連絡してきました。一旦中に入ったけれど、本当にここがタイヨーなのだろうかと心配になって外に出て確かめられたそうです。笑い話のようですね。

確かに、フロアの人口密度は高くなりましたが、むしろ風通しはよくなったと思います。社員が元気になり、雰囲気が若返ったとみなさんおっしゃってくださいます。

これもまた「気」の流れを正す一つの方法です。

何歳になっても学び続ける

私はＭＢＯ後、慶應義塾大学の大学院で勉強していた時期があります。経営管理研究科の修士課程です。

学生の平均年齢は43歳くらい。その中には、私と同じ年齢くらいの方も何人かいらっしゃって、一般的な大学に比べれば、ずいぶん年齢は高めですが、私から見ればみなさん本当に若い。そんな中で、久しぶりに学生気分を味わいました。

みな対等な立場で意見を言い合います。多くの方は私の部下くらいの年齢ですが、同じ大学院の学生です。上下の関係は全くありません。私が年上だからといって容赦はしてくれず、何についても言いたい放題、言われます。そしてそれは真実であることが多く、グサリと心に突き刺さります。

頭にくることもありましたが（我が社では一応、副社長ですので）、慣れてくると、それが新鮮な刺激になりました。みなさん、思いもかけないものの見方をしている。それを目《ま》の当たりにして、頭の中がシャッフルされたような気分になります。

脳細胞が揺さぶられ、生まれ変わっていくようで、じつに気持ちがよいのです。

人は歳を取ると脳細胞は減っていくと言われますが、逆に新しい脳細胞がどんどん生まれ、若返っていくように思えました。そのうち毎週一度、学友たちにお会いする時間が待ち遠しくなりました。アンチエイジングには最高ですね。

こんな歳になっても学べるということが、うれしくてたまりませんでした。自分にとってかけがえのない経験になり、すばらしい友人たちと出会えたことに感謝です。

(2014.3)

大学院での学びの目的①

ロジカルな経営

大学院に入学した時、学友たち（経営者やいずれ企業のトップになられる方々）からなぜここに来たのかと聞かれました。

「すでに、清川さんは、経営に携わっているじゃないか、もう学ぶことなどないでしょう」と言うのです。

そんなことはありません。私には大学院に来た三つの目的がありました。

一つが、ロジカルシンキングです。

私は今まで直感で仕事をしてきました。過去の多くのデータを出し、分析し、未来の予想を立てる。まったく時間の無駄で、意味のないことだと思っていました。常にイメージが先にあり、完成形を自分の中で描いて、私の場合こうしよう、こうあるべきだと決めていました。自分は凡人なのだから、スピードしかない。

そう思って直感のまま仕事を進め、実際に仕事はスピーディーに進みました。そしてそれが普通だと思っていたのです。しかし、そのやり方では社員はなかなか理解してくれませんでした。

また、自分のやり方では限界があるとも感じました。日々、経営に携わっていれば、銀行様のトップの方々をはじめ、弁護士の先生、会計士の先生、他企業のトップの方々などと御一緒に仕事をする機会があります。そのたびに、みなさん、なんて頭がよいのだろう、頭の構造がまるで違う、とても太刀打ちできない、と思っていました。

経営学を学び、ロジカルな勉強をすることで直感でやっていたことを、分解して整理して、自分の思考や行動を他の人にもわかりやすく、文字通り、ロジカル（論理的）に伝えられるようにしたかったのです。

その中でも、意思決定のためのディシジョンツリーも非常に勉強になりました。私はこれまで戦略もどきのことを考えても、3手先くらいまでがせいぜいでした。でも、ディシジョンツリーを使えば、あらゆる選択肢や可能性を目で見える形に表せるので、10手先まで、いいえ、いくらでも思い描くことが可能になります。

また、設備投資のやり方も勉強になりました。設備投資をどのくらいの規模にすればよいのか、どのくらいお金をかけるのが妥当なのか。そんなこともいくつもの選択肢から選べますし、何よりその過程を人に説明できるようになります。

社員にも、銀行様や弁護士の先生方など外部の方にも、ちゃんとした裏づけと共

に、今後のタイヨーがたどっていくストーリーを説明できるのです。そうすること
でもちろん納得もしてもらえます。

大学院での学びの目的②

異業種の方々との交流

大学院で学ぶ二つ目の目的が、異業種の経営に携わる多くの方々に出逢うことでした。

我が社はMBOをした後、かなりの結果を出してきました。銀行様からも高い評価をいただきました。

しかし、これからさらに我が社が発展していくためには、小売業という枠にとどまってはいられません。

異業種の方々と交流して、小売業だけでは得られなかった情報をどんどん吸収していく必要があります。これまで自分たちだけでは考えられなかったアイデアをどんどん出しながら、現実の形にしていくのです。

実際、他の業種の方とお話しすることは非常に刺激的でした。私よりもずっと若い方もいてジェネレーションの違いも感じつつ、それでもそんな方々と遠慮や気遣いのない交流をすることができました。

大学院での学びの目的③

自ら学び、考え、行動する

大学院で学ぶ三つ目の目的が、自ら考え、行動するDNAを、我が社に取り入れることです。我が社の社風はいつも指示待ちでした。会社が教育をしていないと指摘する人も多くいました。自分から学び、自分で考え、自分から行動するDNAはなかったのです。確かに私の側で働くようになれば、本を読んだり勉強を始める人は大勢いましたが、また離れると、もとに戻ってしまうことも否めませんでした。

誰もが、自ら考え、行動することを、社風として根づかせたい。かねがね私はそう願っていましたが、それを実現する第一歩が、私自らが学ぶ姿勢を見せることでした。

会社のこれからを担う方々に元気になってほしい。自ら学び、考え、行動していくことを身につけてほしい。それがあってこそ会社の成長が可能になり、未来を描けるのだと思います。

大学院で学べて100％以上、満足しています。すばらしい学友たちと学生生活を送ることができました。みなさん経営者であったり、経営者を目指している方で、平均43歳くらいでしたが、いくつになっても青春を感じられるのだと実感しました。

三つの目的を持って大学院へ入学致しましたが、期待以上の成果がありました。会社の後継者について決断できたことです。

授業ではたくさんの会社のケーススタディーを勉強していきます。どのような会社が、どのような経営をして、どのような成果を上げてきたのか。あるいは失敗してきたのか。実際のケースを追いかけながら、自分の会社で採り入れていこうという内容です。

多くのケースに触れる中で、日本では後継者問題に悩んでいる会社が数多くあることも学びました。後継者が見つからずに、会社の運営に支障をきたしたり、会社を同業者に売却しなければならなかったり、最悪、廃業しなければならない可能性もあります。会社の業績がよくても、後継者問題で大きくつまずく可能性があるのです。

２０１８年5月、タイヨーでは、当時、30歳だった息子が社長に就任しました。ＭＢＯの実施や、その後の会社の運営では、実質的に私が大きな役割を担ってきましたが、思い切って会社の運営を息子に任せることにしました。

まだ若い、まだ未熟、そんな声が多く出されました。実際、ビジネスの経験は少ないのかもしれません。修羅場をくぐってきた経験もないでしょう。

しかし、彼には若さという大きな武器があります。また、勉強熱心です。肩書きは人を育てると言います。

平社員では、お取引先様でも相手にしていただけるのはせいぜい課長様くらいまでですが、社長の名刺を持てば他の会社の社長様にお会いすることができ、たくさんの御指導を受けることができます。

社長就任の際、会社の株もほとんどすべてを譲りました。権限も責任もあまりにも大きく、30歳の彼にとってはプレッシャーの大きさは計り知れません。それでも会社や従業員のみなさん、お客さま、お取引先様を思う気持ちは誰にも負けていません。本人のやり通すという覚悟は固いものです。

私も番頭としてしっかりとサポートしていきます。5年ほど経験を積めば、頼りになる社長になってくれると思っています。

大学院で後継者問題の深刻さを学ばなければ、このような早い時期での社長交代の決断はなかったと思います。将来、必ず向き合わなければならない問題に対して、早い段階で対処することを学べたのも、大学院のおかげです。

仕事は厳しく、
でも楽しく

スーパーマーケットは、消費者のみなさんの豊かさを実現するために存在しています。そしてその仕事とは、お客さまの必要なモノをお店に揃え、それをお客さまに買っていただいて、お金をお支払いいただくことです。

利益を出すことがプロだと思いますが、その利益とは、お客さまからいただくお金から生まれるものです。我々の給与は、お客さまからいただいているのです。いい加減な仕事では務まりません。

商品は常に補充して、欠品なく棚に揃っていなければなりません。時にはワゴンやエンドに特別な棚を作って、季節限定の商品を並べたり、お客さまにあっと驚いていただく棚作りも必要でしょう。

青果売り場の野菜が傷んでいれば、それだけでお客さまは買い物をする気を失ってしまうでしょう。賞味期限切れの食品が棚に残っていれば、大きく信頼を失ってしまいます。

いつも新鮮で、安心できるモノを売り場に揃え、お客さまに気持ちよく買い物をしていただかなければいけません。そのため、私たちの仕事に厳しさが求められて当然です。

しかし、そんな中でも、いかに楽しく仕事から多くを学び、喜びを感じながら働くかということを考えながら指導をしています。というのは、私たちが仕事を楽しく思えなければ、楽しい売り場の雰囲気を作ることも、お客さまに買い物を楽しんでいただくこともできなくなってしまうからです。

私は日々、超高速回転で仕事をしています。一人の部下の報告を聞きながら、全く別の書類に目を通し、もう一人の部下に指示を出す。そんなことはしょっちゅうです。「(猛スピードで泳ぎ続けなければ生きていけない)副社長はマグロのようだ」と言われています。何にでも首をつっ込んで動き回るので、二足の草鞋ならぬ、百の足を持つ「ムカデ」とも言われます。

でも、そんな中でもできるだけ楽しく過ごせるように工夫しています。

たとえば店舗巡回は、鹿児島市内であれば一日に10数店舗、最高では21店舗回ったことがありますが、それだけでは疲れて消耗してしまいます。

そんな時は、ちょうどお昼時に訪れるお店の近くに、ランチのおいしいレストランはないだろうか、そんなことをちょっと調べてみます。店舗から店舗へと移動する車の中では、好きな音楽のCDをガンガンかけます。また、一緒に回る秘書や関係部署の社員とは、移動会議になることもありますが、仕事の話だけでなく、家族や趣味など個人的な話もします。時には人生相談にも乗ることもあります。

店舗の巡回は大変ですが、みなさん充実して楽しいと言ってくださいます。車にはおやつも持ち込むので、みなさん笑顔です。

経営は
全体最適で考える

それ自体、取り組むことについてはなんら問題なく、むしろ、推奨できるようなことであっても、ちょっと視点を広げてみると、「ん？　ちょっと違うのでは？」と思うことがあります。

たとえば、お店でお客さまにお茶を出そう！　そんな提案があったとします。最近はどこでも高齢化が進み、我が社のお店でも、多くの御年配のお客さまにご来店いただきます。ひと息つけるところがほしい。ついでにお茶も飲めれば言うことなし。しかも給茶機を設置するのではなく、お店のスタッフが淹《い》れて「どうぞ」と差し出せば、これほどうれしいことはないでしょう。

個人で経営されているお茶屋さんをはじめ、和菓子店などではそういうサービスをしているところがあります。だから、スーパーマーケットでもぜひやろうじゃないか。たいした手間もかからないし、お客さまにもきっと喜んでいただけるはず。そんな提案が出てきました。

「でも、ちょっと待ってください」

それを1店舗で始めれば、お客さまは他の店舗でも同じサービスを望むようになるでしょう。1店舗での取り組みが10店舗に増え、やがて全95店舗で行わなければならなくなります。話を聞きつけたお客さまがどっと詰めかけ、無料のお茶目当てに長時間、お店に居続けるようになるかもしれません。そしていったん始めれば、やめることはなかなか難しい。

確かに1店舗で行っている時は、わずかな手間かもしれません。お茶代もたかが知れているでしょう。でも、これを全95店舗で同じように行うようになれば、そして、利用するお客さまがどんどん増えていくとすれば……。こうなれば手間も費用も決して無視できないものになるでしょう。

お茶のサービスは一つの事例ですが、同じようなことはすべての仕事で言えることです。

一つの店舗や部署でよかれと思ってやったことであっても、それが10店舗、95店舗全店に広がった時、どうなるのか、どのような負担が生じるのか。発案した店舗や部署ばかりでなく、他の店舗や部署にも必ず影響は広がっていきます。

一部がよくなれば、全体もよくなっていく。確かにそういう考えは成り立つかもしれません。

しかし、多くの場合、全体に広げた時にどうなるか、全体で考えると違う答えが出てきます。「部分最適」も大事ですが、それだけでなく「全体最適」を考えなければなりません。

トップを
務めるには、
嫌われる覚悟を

リーダーを務めていると、提案や政策にすべての人が賛成してくれるわけではありません。反対されることは日常茶飯事、むしろ、議論できればまだいいほうでしょう。思わぬ抵抗にあうことは多く、頑張れば頑張るほど、むしろ逆風は強くなっていく。それを実感せざるを得ません。

MBOを実施しようとした時、私はありとあらゆることを言われました。反対意見、批判という言葉ではとても言い表せないほどの、罵詈雑言《ばりぞうごん》も数多く浴びました。どこかで噂しているだけならともかく、会社にメールやファックスでどんどん入ってきますので、いやでも目につきます。

見ると腹が立ったり、悲しくなったり、気力を失いそうにもなります。自分のやっていることは本当に正しいのか。そんな気持ちさえ生まれてくるのですが、そのたびに自分を叱咤激励し、気力を取り直してきました。

迷っている暇などないのです。会社を一刻も早く立て直さなければなりませんで

心が強くなければ、トップには立てません。人から嫌われるのが怖くては、トップした。

プに立つべきではありません。自分を信じることです。

逆風の中でも進み続けていれば、応援してくださる方も多くいることに気がつきます。私のことを信じ、応援してくださる方々のためにも、頑張らねば、そんな気力が生まれてきます。

敵も次々と現れるけれども、それ以上に、応援団も多くなっていくのです。

私は社内ではもちろん、社外でも人に恵まれました。困った時には助けてくださる方が必ず現れました。

一生懸命頑張って努力していると、必ず神様が手を差し伸べてくださるのだと思います。

しかし、一番辛かったのはＭＢＯ後、丸2年が過ぎ、数字もよくなってきた頃、社内政治の力学に潰されそうになった時でした。

第6章

心を磨くことで
運（人）を引き寄せ
流れを変える

幸せな心がイノベーションを起こす

大学院の授業の中で、「幸福経営とイノベーション」という面白い授業がありました。その中で、不幸な人は部分を見がちだけれども、幸せな人は大きな視点で広い視野を持つ。幸せな心を持てば、創造性が増す。そんなことを学びました。

つまり、幸せな心がイノベーションを起こす、というのです。

私はこれもまた「感謝する姿勢」に通じることだと思います。いつも前向きで、試練に対してでさえ感謝できる心があれば、幸せになれる、そして、変化も起こせる。ありがとうの言葉と感謝の気持ちを伝えるのです。実際にそう心がけると、不思議と運にも恵まれます。幸せも心の持ち方しだいなのだと思います。

私は社外でも社内でも、人に恵まれてきました。今までたくさんの人に支えられ生きてきました。また、困った時には、必ず助けてくださる方が現れました。いろいろな方に御支援いただいて、自分はなんて運のいい人間だろうと思って生きています。

どうしたらよいだろう――ある問題について、寝ても覚めても考え続けていると、夜中にふと目が覚めて、心にアイデアや解決策が浮かんできます。枕の横には常にメモ用紙を置いてありますので、忘れないうちにすぐに書き留めます。同じように、書店に足を運ぶと、解決策になるような本が目に飛び込んできます。

一生懸命に生きて魂のレベルを上げる努力をすることで、神様が手伝ってくださるのだと感謝しています。

たくさんの試練もあり、中身の濃い人生を歩いてきたつもりです。ですから御縁のあった方々に「清川照美を手伝ってよかった」と喜んでいただける仕事をするように心がけています。

私はよく、「清川さんて、悩みあるの?」って言われます。まるで何も考えていない脳天気な人間のようですね。でも、とてもありがたい言葉です。

(2020.4)

楽天的な性格は
こうして作られた

「清川さんていつも元気だし、いつも明るいし、悩みってあるの？」よくそう言われます。

でも、生きていれば、誰にでもうれしいこと、悲しいこと、多くのことがあるのではないでしょうか。私も現実にこれまでいろいろなことがありました。そんな時、思い出すのが高校1年生の頃に読んだ本のことです。

アメリカの女性作家、エレナ・ホグマン・ポーターの『少女パレアナ』にとても感動しました。

孤児のパレアナはどんなことが起こっても、その中で、うれしいこと、喜べることを探し出します。自分自身がとても前向きであるだけでなく、周りの人々の心も明るくしていくのです。

『少女パレアナ』や『パレアナの青春』を行き詰まりを感じた時、何度も何度も読み返しました。

振り返ってみると、よくいえば楽天的でポジティブ、悪くいえば脳天気でおめでたい性格も、この本の影響が大きいように思います。

その後、高校を卒業して大学生になると、この本のことはしばらく忘れていましたが、結婚してからは、また思い出すことが多くなりました。

大人になると理不尽に思えることがたくさんあります。一方的に「あなたが悪い」と決めつけられ、「なんで私が？」と思うことはたびたびありました。

でも、この本のパレアナのことを思い出して、もう少し我慢してみよう。少しでも自ら周囲を明るくしていこうと思い直しました。同時に、子どもの頃は、物質的にも、愛情面でも、自分はなんて恵まれていたんだろうと感謝もできました。

ＭＢＯやその後の会社の改革を進めていく中、つらいことはたくさんありました。子どもたちからは「お母さん、何もそこまで一生懸命やらなくても」、と泣きながら言われた時もありました。友人からは「清川さん、そこまでやったんだから、もういいんじゃない」そう言われたことは一度や二度ではありません。

でも、その時もこの本のことを思い出して、もう少しだけ、もうちょっとだけと進むことができました。

還暦を過ぎた今も、時々、この本のことを思い出します。もちろん現実は厳しく、なかなか簡単にはいかないのですが、それでもいつまでもパレアナのように素直できれいな心のままで生きたいと思っています。

自家発電の女

よく人から、「なぜ清川さんはいつも元気なの？」と言われます。

そこで思い出すのが、子どもたちからよく「一人でぶつぶつ言っている」と言われていたことです。

じつは、私は自分で自分のことを褒めています。

夜は歯を磨きながら「今日一日よく頑張った」「今日一日よく働いた、偉いね」と自分を褒めていました。朝、仕事に向かう時は「今日はこの洋服、似合っているね」とか、とにかく思いついた褒め言葉をぶつぶつ言っていたのです。この歳になったら誰も褒めてくれませんので、なおさらぶつぶつと毎日、自分を褒めています。

もう一つは学び続けることです。

じつは子どもの頃は勉強が嫌いでした。へそ曲がりな性格なのでしょう。「勉強しなさい」と言われたらやらず、何も言われなくなると、自然に勉強するような子どもでした。もともと好奇心が強く、いろいろなことを知るのが大好きだったからです。自分の意志で勉強を始めると、まるで新しいスポンジのように、いろいろなことをどんどん吸収できるようになりました。

今は毎日、朝と夜2回のお風呂でぶつぶつとつぶやきながら、読書をしています。

人生を終えよう
と思った日を経て
芽生えた
経営者としての覚悟

脳天気に見えるかもしれませんが、私は、ＭＢＯ後、２回自らの人生を終わらせようと考えたことがあります。

２０１３年9月にＭＢＯを行い、赤字になっていたスーパーを、掃除力と人間力で立て直していきました。自ら雑巾とほうきを持って働き、営業利益がマイナスだった店舗を次々、回復させました。

ＭＢＯの時に銀行様から借りたお金も、返すのに10年かかると言われながらも、実際に経営は数カ月で上向きになり、リファイナンスが叶い、大きな評価をいただきました。わずか3年で上場廃止前の借入金まで返すことができました。

数字もよくなってきた2年目、本当の試練はその後、２０１５年秋から待っていました。経営は順調で結果を出しているのに、私が表舞台に立っていることが、面白くないのでしょうか。旧体制との確執が続き、ＭＢＯ以前の出来事についてもたびたび追及され、始末書を何枚も書かされました。なぜＭＢＯ以前の私に関係のないことで責められるのかわかりません。以前の経営陣がやったことの責任を問われました。

私は一線から退くことも考えました。でも、銀行様に相談すると、MBOの際、経営に関わることを約束したキーマン条項に私の名前が入っていると許してもらえませんでした。「清川照美は公人である」とおっしゃるのです。この時、改めて「私にはプライベートはないのだ」と思いました。

私にはさらに頑張ることしかできませんでした。社内で私を辞めさせようとする動きはさらに強くなり、これだけ頑張っているのに身体も心もボロボロになっていきました。

責任は重くのしかかり、働いていることがむなしく感じられるようになりました。日々の風景が色あせてセピア色に見え、眠れなくなり、食欲もなくなり、毎晩、泣き続けました。今思えば、あれがウツ状態だったのだと思います。気がつけば、6カ月で12キロ体重が落ちていました。

会社の数字は上向いているのに、それとは逆に、私は窮地へと追い込まれていきました。

しかし、不思議と朝になると「おはよう」と会社では全力で仕事をやっている自分がいました。もちろん今は、若作り照美自称42歳で元気いっぱい頑張っています。

乗り越えた今は、いつ死んでもいい覚悟で毎日を過ごしています。経営者とは、命をかけて仕事をするものだとわかった体験でした。

この時期に2回、生まれ変わりました。残念ながら今はもう、かわいかった過去の私はおりません。何が来ても怖いものはありません。

人生は魂を磨くための修行

以前の私は、幸せと名のつくすべてを手に入れたいと思っていました。かわいい妻であり、3人の子どもの幸せな母親でした。4人のかわいい孫にも恵まれました。しかし、神様は私に厳しい課題を与えました。会社が危機的な状態になり、それまで夫の陰で黒子のように振る舞っていた私が、ある日を境に、表舞台に立たなければならなくなったのです。

すべての責任が降りかかり、苦しい思いをしなければならなくなりました。あまりにも辛く、相談したお坊様から、仏門に入ることを勧められたこともあります。人生ってなんなのでしょう、と何度も考えました。

つらい日は続きましたが、ある日、生きるとは、魂を磨くための修行だ、という考えが頭をよぎりました。ふと気持ちが楽になり、自分を客観的に見つめられるようになりました。そして、どんなことも受け入れられるようになりました。

その後も、苦しいこと、つらいことはたくさんありましたが、同時に、たくさんの人たちと御縁があり、多くの部下に恵まれました。無事にMBOを成し遂げることができ、その後も会社はV字回復を果たしました。息子も社長になってくれました。今も経営は順調です。

苦しい場面から逃げない

仕事をしていると、数々の苦しい場面に遭遇します。それはどんな方にとっても同じでしょう。部下がそんな場面にぶつかっていると、私は、「神様は乗り越えられない試練は与えない」とよく話をします。そして「ずっと以前を思い出してください」とも言います。

10年前、20年前を振り返ると、確かに私は何かの問題について悩んでいました。でも、今から考えれば、たいしたことではないと思えてきます。今、あなたが真剣に悩んでいることでも、決して乗り越えられないと思っていることでも、過ぎてしまって年月がたてば、「ああ、あれはたいしたことではなかった」と思える日がくるのです。だからといって、物事から逃げ腰ではいけません。問題や悩みに対して、どれほど前向きに取り組めるか、積極的にぶつかっていけるかで、その後の成長は全く違ってきます。

全力でぶつかり、乗り越えることで、苦しいことでも必ず糧《かて》にすることができます。一緒に取り組んだ人がいれば、強固な絆もできるでしょう。その人間関係により、さらに難しい事態にも向かっていけるのです。過去の悩みを乗り越えてきたことで、今の自分が存在している。そう思えてくるのです。

ストレスを
抱え過ぎる前に
好きなことを

生きていると、多くのストレスを抱えてしまうことがあります。

私は、ストレスは人生のスパイスだと思っています。料理にちょっとだけ加えれば、味が引き立ちます。なければどこか物足りなくなります。

でも、多過ぎると大変なことになってしまいます。気持ちが落ち込むだけでなく、身体や精神を壊してしまうことになりかねません。ストレスをかけ過ぎないように、心の切り替えが必要です。

そのため、私は自分が喜ぶことをしてあげます。私の場合、それはおしゃれです。おしゃれは私が生きていくための大事なモチベーションであり、テンションを上げるための自家発電機になります。元気になれる人生のビタミン剤みたいなものです。温泉、ジムもいいですよね。日曜日に行ってリラックスして、月曜日からの仕事に備えます。月曜日は会議なので疲れた顔なんてできませんからね。

身の回りを整理整頓しながら、いらないモノを捨てることでもリフレッシュできます。着古した衣類を「お役目ありがとう」と言いながらハサミでチョキチョキと切り刻むのもストレス発散になります。そのままお掃除に使い、捨てることもありますが、リメイクして別の洋服にしたり、小物に作り替えたり、時には自分でバッグを作ってみたりします。

タンスの中がすっきりときれいになり、何より気持ちが晴れ晴れとします。みなさんもぜひ試してみてください。

還暦の誕生日（2018.3.4）

いつ死んでもいい
覚悟を持ちながら
生きる

人生100年時代と言われるようになりました。医療技術は日進月歩で今もどんどん進化を遂げています。本当に誰もが100歳まで生きる時代が、すぐ目の前にきているのかもしれません。

でも、私は、若い時には歳を取ることがいやだなあと思っていました。なんだか人生の終わりが近づき、やれることが減っていくような気がしたからです。

でも、実際に還暦を過ぎてみると、どうということはありません。全くたいしたことはなく、むしろ、楽しいと思えるほどです。

基本的にミーハーな性格で、好奇心は若い時と変わりません。いえ、むしろ今のほうが旺盛になったかもしれません。

歳相応に落ち着き、もう少し人間として深みが出てくるのかと思いましたが、私には全く無縁の世界です（確かに白髪と皺は増えましたが……）。

後何十年もこの調子で生きていられるのかもしれません。でも、明日、死ぬことになるのかもしれません。人生何が起こるのかは誰にもわかりません。いつまで生きられるのかは、神様しかわかりません。

ですから、毎日を一生懸命生きようという気持ちは以前と全く同じです。

今は週の半分くらい、各店舗の巡回などで外を歩き回っています。走り回っているというほうが正確な表現でしょう。

しかも、15分単位のタイムスケジュールで回り、先日は一日で21店舗の最高記録を打ち立てました。店巡回では店の様子を見て、アパレルのディスプレーを変えながら回っています。

というわけで、還暦を過ぎたこれからも今の調子で、いえ、今以上のエネルギーで、明日、死んでもいいという覚悟を持ちながら、動き回っていきたいと思います。

だって、これからの人生で「今日が一番若い日」なのですから。

還暦（2018.3）

「心を一つに」

この言葉を聞いた時、なんて美しい言葉なのでしょうと思いました。

この言葉は、10年ほど前、かねてから憧れていた方からうかがいました。

それまでは遠くから時々、見ているだけでしたが、お会いする機会に恵まれ、すばらしい言葉をいただくことができました。

その方はおそらく90歳を過ぎていらっしゃると思います。ネットでは、やっかみなのでしょうか、あることないこと事実とは違うことを書かれたりしていますが、私は本当に素敵な方だと思います。身にまとうオーラが違いますし、お話しされる言葉の一言一言が上品で美しいと思います。

　私もそのように歳を重ねられたらいいなと思いますが、まだまだひよっ子です。人生の中でそのような方に出会えただけでも幸せだと思っております。

社会を変える力を持つ女性が働き続けるために

ダイバーシティーという言葉をよく聞くようになりました。性別や人種、国籍などを意識せず、むしろその「多様性」を活かして、企業の競争力にしていこうという取り組みのことです。

今の日本で一番大切なのが、女性の活用でしょう。特に高齢化が進んだ今の日本では、国の経済のためにも、税収のためにも、女性が働くことが求められています。なにしろ人口の半分が女性なのですから。

これまで女性は社会経済に大きな影響を与えてきたことは間違いないと思います。たとえば家庭という舞台に限れば、これまで女性が主導権を握っていた場面は多かったと思います。

結婚する前は、彼女が行きたいお店に行って二人で食事をしたのではないでしょうか。結婚した後もまた、奥様のお勧めのところで買い物をしたり、外食をしたり、子どもが生まれれば、母として家庭での発言権はより大きくなっていったはずです。

我が社のお店にいらっしゃるお客さまの多くが女性ですし、女性たちの意見を心から聞くことができれば、我が社も、また、他の企業もまだまだ伸びていけるでしょう。

その女性たちが社会で働き始め、活躍するようになれば、より多くの影響力をもたらすはずです。

女性であり、主婦であり、母でもあり、仕事もしているならば、男性よりも、むしろいろいろな場面から物事を見ることができるのではないでしょうか。

女性は仕事を持つことで、自分の人生の決定権を握れるということだと思います。でも、仕事をする以上は、男性と同じ土俵に立たなければなりません。女だからという言い訳はできません。女だからという泣き言も誰も聞いてくれません。甘えることはできません。

責任を持って仕事をする時、大なり小なりいろいろな問題にぶつかります。どうぞ、働く女性のみなさま、クレバーに生きてください。でも、生きるか死ぬかのギリギリまで自分を追い詰めることはやめましょう。

そして男性の方々、大きな心を持ってください。それが男性としての器の大きさですし、優しさです。

第7章

次世代の
リーダーたちに
話しておきたいこと

現場から生の声が
届くように
風通しをよくする

「どうしてこんなに業績がよくなったのですか？」

「何を変えたのですか？」

「どうしたら会社をよくできるのですか？」

よくみなさまからこんなことを聞かれます。

ＭＢＯをしてからというもの、どこへ行っても質問され、まるでシャワーでも浴びさせられているような気分にもなります。

業績をよくするためには？

それは時代によって、あるいは会社の抱えている事情によって、すべて異なるでしょう。もちろん会社の置かれている環境もそれぞれの会社で違うでしょうし、それ自体、刻々と変わっていくものです。

でも、業績を向上させるため、どのような会社でも共通の課題があることも事実です。しかし、現場で働いている方が、解決するための答えを持っています。社内の声を多方面から聞くことが大切です。働いてくださるみなさま方の中に会社をよくするエキスがある、ということです。

それをどれだけ引き出せるか、活かせるか。そこが大きなポイントになります。

そのためには、会社は風通しがよくなければなりません。

何か改善したい、新しいことを始めたい。そう提案しようとしても、上司に聞く耳がなければ、その人は口をつぐんでしまうでしょう。二度と声をあげることはないかもしれません。

現場の声にじっくりと耳を傾ける。組織全体でその姿勢を持たなければなりません。

そうして、現場で働いている方から、できるだけ多くの生の声を聞き出すのです。上司や管理者、経営者は、その声を実際の政策として形作り、活かしていくのです。

どれほど生の声を吸い上げられるか。それが改革の大きなポイントになります。

明確なルートを
示せば、
スピード感のある
仕事ができる

どうすればスピード感のある仕事ができるのでしょうか？　そんな質問も数多く受けます。

まずは経営のトップとして、どの山に登るのかをはっきりと示すようにします。そしてそれをどのルートをたどって登っていくのかを明確にするのです。

進めというかけ声だけをかけても、どこへどのようにという具体的な5W1Hがなければ、社員はどうすればよいのかわからなくなってしまいます。

向かうべき山をはっきりさせることはもちろん、そこへ至るまでの道筋を、大きなラフ案として描く必要があるでしょう。

そしてそのためには何をすべきか。各担当者とのキャッチボールを繰り返すことで、より具体的な道筋を見つけていきます。

そして、部下から提案されたことに対しては、すぐに返答することです。私は部下から投げられたボールを剛速球で返すのです。

部下の提案に100点を求めてはいけません。60～70点でよしとする。そうすることでスピード感を持って仕事をこなしていけるようになります。

スケジュールは
逆算で計画を

計画を立てる時は、まずお尻、つまり目標を達成する〆切日を決めて行うのがよい方法です。

〆切から逆算して、かかる日数や人員、資材、お金などを計算しながら、スケジュールを定めるのです。

その時に役立つのが、ガントチャートです。

一つの課題を達成するには、いくつもの細かな課題をやり遂げていく必要があります。

その細かな課題一つひとつについて、いつ始めて、いつまでに終えるのか。それをすべてカレンダーに記して、誰の目にもわかるように図示したのがガントチャートです。

いくつもの細かな課題の中で、あらかじめ優先順位を決め、どれを先にしなければならないのか、後に回してもよいのか、それぞれの課題をこなしていくための人員や資材、お金も考え合わせます。そうして、最も効率のよい、最も早く目標を達成できるスケジュールを練っていくのです。

ガントチャートを用いれば、いつ、誰が、どこで、どのように課題をこなしていくのか、一人ひとりの役割をはっきりさせることもできます。パソコンのソフトを用いれば、設計や変更もたやすくできます。

ＭＢＯもまずゴールを２０１３年9月と決めて取り組みを始めました。株の買い取りの値段をいつまでに決めればよいのか、株主に告知する日は？　実際の買い取りの〆切日は――？

やるべきことを列挙して、それをどういう順番で進めていくのか。それぞれどのタイミングで始め、いつまでに終えるのか。あらかじめ綿密にスケジュールを組み、実行していきました。

途中、予定通りに株が集まらないなど、不測の事態に遭遇しても、計画と現実とを照らし合わせながら、何かあればすぐに次にどういう対策を採ればよいのか。スケジュールの変更にも臨機応変に対応できます。

どんな仕事でも同じです。ぐずぐず考えている暇があれば、走り出すことが肝心ですが、だからといって無計画でいいわけではありません。

具体的な目標を持ち、そしてその達成のための具体的なスケジュールを立てること。これらが揃って初めて、みんなで一斉に目標に向かって進み始めることができるのです。

何千枚もの書類から、なぜ不備を見つけられるのか？

日々、私はかなりの量の書類や稟議書に目を通し、承認のための印を押します。「よく、ここまでチェックできますね」と社員によく言われます。確かに、読まなければならない書類は膨大な量で、最近は特に目の疲れも感じるようになりました。

でも、じつは一言一句読んでいるのではありません。種明かしをしましょう。「ただでは印を押さないわよ」。まず、そういう気持ちで書類や稟議書を見るようにします。どこかにおかしな点があるはず。ちょっと意地悪な気持ちでじっと眺めていれば、問題点がわかってくるのです。まるで時間が止まったような感覚になり、おかしな部分がまるでクローズアップされたように浮き上がって見えてきます。

そして、枚数をこなしているうちに、書いた社員が、隠そうとしたり、ごまかそうとしているところも、見つけられるようになります。

後はそこを深掘りしていけばよいのです。担当者を呼んで質問攻めにすれば、案の定、あいまいだったり、矛盾点が見つかったり、根拠も見通しもなく計画ばかり立派だったり……。問題点が明らかになっていきます。

スピーチは原稿を見ず、自分の言葉で行う

人を引っ張っていくためには、人前で話せるようになる必要があります。

「清川さんの話は、心に刺さる」「印象に残っている」よく人にそう言われます。

先日も、16年ほど前、娘の高校の卒業式で私が話をしたことを今でも憶えていると言われました。ありがたいことです。話をした本人は憶えていないのですが……。

私はアナウンサーでも話のプロでもありません。でも、自分なりに人の心に届く話し方を考えてきました。

まず、話は下手でもいい。そう開き直ることにしました。そして、原稿を読まない。原稿を読めば、聞いている人は、いかにも読み上げていることに気がついて、興味を失ってしまいます。とにかく自分の言葉で話すのです。

言いたいことはたくさんあっても、三つくらいに絞ります。たくさん話しても、聞いている人はすぐに忘れてしまいます。印象に残るテーマを三つに絞れば、意外に憶えてくださいます。

話している間は、聞いてくださる方々全体を見回すように心がけます。演壇に立つと、どうしても上から一方的に話す形になってしまいますが、スピーチとは、必ず聞き手があって成り立つことだからです。

最初の頃は実際に演壇に立つと緊張して、これらのことに気を配るほどの余裕はなかなか持てませんでしたが、今は聞いている方がお話に関心と興味を持ってくださっているのか、そんな手応えを感じながら、会話ができるようになりました。

さらに余裕があれば、話し始めに季節や世間のお話を入れたり、ユーモアを交えたりできればよいですね。

決められた時間内に終わらせることも大切です。

お取引先様の社屋を新築された際、400〜500人ほどのパーティに招かれてスピーチを致しました。原稿は用意せずに、いつもの調子で開き直って演壇に立ちました。

今さらカッコつけずに、自分をよく見せようとはせず、また、上手にしゃべろうとも思わず、普段のそのままの自分、ありのままの自分をさらすしかないと思い話を致しました。案外、うまくいくものです。

2019年11月、「ケア・サポーターズクラブ鹿児島」設立時はさすがに緊張しました。世界的なNGOで女性と子どものための団体なのですが、設立総会に来賓として来ていただいたのは各界の偉い方々ばかり。そんな方たちの前でのスピーチでした。設立書を授与されたり、何度も演壇を登り下りしましたが、そのたびに冷や汗が噴き出しました。

それでもいい。できなくてもいい。半分、ダメもとの気持ちでいれば、案外、話すことができますし、大勢の人前でも話すことができます。

そして熱意があれば、生きた言葉が出てきて人の心を打つこともできます。後は場数を踏むことです。

「企業は人なり」の
第一歩は、
自分を磨くことから

「企業は人なり」

古今東西、経営に携わる方ならば例外なくこうおっしゃいます。もう当たり前のように語られている言葉ですが、人を活かすことは、本当に難しいことです。

まず、優秀な人に集まってほしければ、トップ自らが自分のスキルと魂のレベルを磨き、向上させることが必要だと思います。

あなたが魂のレベルを上げるには、与えられたどんな困難にも立ち向かっていくことです。たとえそれが高い壁であっても、それを乗り越えていくこと。たくさん泣くことになるかもしれませんが、それでも諦めないことです。必ず乗り越えられるから、試練はあるのです。立ち向かっていける人、乗り越えていける人を神様は応援してくれます。

自分の魂のレベルがどれほど上がったのか。それは、お会いできる人でわかります。それまで考えられなかった人に会うことができるようになります。

一人ひとりの魂のレベルを上げていけば、会社全体の質も上がっていくでしょう。とても会えないと思っていたような方と会って力を借りられるようにもなります。

仕事は任せるが、
決して放任はしない

私は、本当に仕事のできる人が、そのポジションにいてくださるのであれば、全面的に仕事を任せるようにしています。

そのほうがその人にとって仕事はやりやすいでしょうし、私が考えもつかない思いがけない成果を上げてくれるからです。

しかしながら、数字の管理をはじめ、管理者として見るべきところはちゃんと見るようにしています。

過去には、何もかも任せた結果、失敗してしまったこともあります。自分に人を見る目がなかったのでしょう。勉強も足りなかったのだと思います。人に任せることは大事なことですが、決して放任してはいけないと、その時、思いました。

任せつつ、いざとなったら責任は自分が取る。そのつもりですべてを把握する。そのために勉強も続ける。そうし続ける必要があります。

時には頼りにしていた人が突然いなくなるような事態も想定されます。そのポジションにふさわしい人がいなくなったら、一時的に自分がそのリーダーを務める必要も出てくるでしょう。そのつもりで普段から勉強する必要があります。残念ながらシステムは苦手です。

さらに
自分を高める

人との付き合いは楽しいものですが、居心地のよさに満足しているうちに、自分の成長が妨げられてしまうことがあります。

たとえば、我が社に商品を納めていただいている問屋様やメーカー様の方々は、我が社に商品を売り込まなければならない立場です。つまりこちらは「優位な立場」にあります。問屋様やメーカー様の方々は、我々に向かって絶対に不愉快なことを言いません。むしろ下手に出て、お世辞さえ言うでしょう。

自分や会社をもっと成長させていきたいのであれば、むしろ、厳しく感じられるような方とお付き合いをすることが必要です。

たくさん学べる方とは、多くの人たちを相手に修羅場をくぐり抜け上り詰めてきた方です。人を見抜く眼力にも、ただならぬものをお持ちの方です。

自分よりもずっと優れている方、自分の肩身が狭く感じられるような方とあえてお会いするようにします。緊張感でガチガチになりながらも、挨拶《あいさつ》をして、言葉を交わし、学ぶべき所、吸収できることを探すのです。同じ空気を吸うだけでもすばらしい勉強になると思います。

自分が成長できるチャンスを大事にして、努力を惜しまないことです。

わかりやすく、伝わる言葉で話す

演壇からスピーチをするようなかしこまった場に限らず、普段の仕事でも、話し方は気をつけなければなりません。

上司は部下に自分の意図を伝えなければなりません。難しい話、複雑な話であっても、いかにシンプルにわかりやすく伝えられるかで、部下の人たちの行動が決まり、成果に影響が現れます。

理路整然と話ができればよいわけではありません。大学の先生やコンサルタントの先生方は、横文字も使いながら美しいクレバーな話をされます。でも、そのやり方をマネしても、部下からすれば「へぇー、なんだか頭がいいんですね、すごい人ですね」で終わってしまいます。そもそも頭のレベルが違う人のやり方をマネしても、自己満足にしかならないのです。

我々は実務レベルで人を動かしていかなければ結果を出すことはできません。たとえば立派なレシピがあったとしても、現場でフライパンを握る方々にその意味を伝えなければ、おいしい料理を作ることはできません。

いかにポイントを外さずに作ってもらえるか。短時間で作ってもらうのか。それをわかりやすく伝える必要があります。

相手に理解してもらうための一つのコツは毎回、同じ言葉を繰り返すことです。

ＭＢＯを実施した後、１年目は会議のたびに「営業利益」という言葉を使いました。２年目は「労働分配率」、３年目は「ローコストオペレーション」です。４年目は「経営者意識」、５年目は「無駄をなくす」、６年目は「筋肉をつける」、そして７年目は「前向き」としましたが、それぞれ１年間にわたって、機会があるたびに繰り返し繰り返し、しつこいくらいに同じ言葉を言い続けました。そうしてやっと浸透していきました。

話をしても伝わらなければ意味がありません。伝え方を工夫し、本当に伝わったかどうかも絶えず確認していきます。そこまでして初めて本当に伝えられることができるのです。

あとがき

この本を執筆している最中も、世の中は新型コロナウイルス感染症で大騒ぎです。日本中、マスクをつけている人々であふれています。東京オリンピックも1年、延期されました。

我々は、気づかなければならないと思います。人は何のために生まれてきたのか？この美しい地球にどうして生まれてきたのか？

もちろん人生は一度きりしかありませんから、自分のため、家族のために、充実した時間を過ごすことは大切でしょう。

しかし、自分たちのためだけでよいのでしょうか。

自分たちと同じくらい、他の人のことを思い、大きな愛を持って生きる。そうすることで美しい地球を子孫に残すことができるようになるはずです。そして、それは自分自身の魂の修行にもなるでしょう。

一つひとつのことに真剣に向き合い、愛情を持って行動を起こせば、小さなつむじ風が生まれます。それがいくつも重なり合えば、大きな竜巻に変わっていくでしょう。

正しい心で物事に取り組めば、必ずよい結果を得られると信じています。私のように経済の勉強をしたわけでもなく、普通にどこにでもいるような人間でも、売上約１０００億の会社に変化を起こすことができました。

これからの日本のために、地球のために、さわやかな風を起こしましょう。我が社がここに存在できていることは、当時厳しい状況下にあった我が社の未来を信じて、支援を決断してくださったM銀行の方々、会計士の先生方、弁護士の先生方のお蔭です。御縁のあった方々、お取引先様、何よりタイヨーを日頃から支えてくれている従業員のみなさん、そしてお客さまに心から感謝申し上げます。

最後に、人生で一番の宝物は3人の子どもたちです。出会えたことに感謝します。

桜の美しい日に。

合掌　清川照美

株式会社タイヨー　沿革

1960（昭和35）	9月7日	（有）清川商店を設立し、当初、酒・煙草・塩等の販売を行う（創業者　清川秋夫氏）
1960（昭和35）	11月26日	鹿児島市千日町に第1号店「スーパー大洋」（現：銀座店）を開店。この日を創業日とする
1964（昭和39）	1月9日	太陽産業（株）設立。資本金500万円とし、（有）清川商店からスーパー部門に移行し、屋号を太陽ストアに変更
1969（昭和44）	2月10日	太陽産業（株）屋号と同じ（株）太陽ストアに社名変更
1974（昭和49）	8月25日	鹿児島市南栄3丁目14番地に本部を移転し、本部機能の充実を図る
1974（昭和49）	11月20日	社名（株）太陽ストアから（株）タイヨーに社名変更。新たにシンボルマークを制定
1991（平成3）	1月	清川和彦氏　代表取締役社長就任
1992（平成4）	2月29日	売上高800億円達成
1993（平成5）	7月20日	資本金58億4230万円に増資。福岡証券取引所へ上場
1994（平成6）	7月28日	大阪証券取引所市場第二部へ上場

1996（平成8）	9月1日	TLC（流通加工センター）稼動
1997（平成9）	2月28日	売上高1000億円達成
2000（平成12）	2月28日	売上高1200億円達成
2002（平成14）	9月1日	青果物流センター稼動
2004（平成16）	1月15日	（財）清川秋夫育英奨学財団の設立
2005（平成17）	1月	鹿児島の食農教育を考える会発足
2005（平成17）	10月	高品質の商品を品揃えした新業態「ONLY ONE東郡元店」開店
2010（平成22）	11月	創業50周年を迎える
2013（平成25）	9月12日	MBO完了
2013（平成25）	11月27日	東京証券取引所市場第二部と福岡証券取引所の上場廃止
2015（平成27）	3月2日	タイヨー楽天市場店スタート
2018（平成30）	5月	清川継一朗氏　代表取締役社長就任
2020（令和2）	11月	創業60周年を迎える（店舗数95店舗　2020年6月現在）

株式会社タイヨー　経営理念

1

経営基本方針

お客様には　良質の商品を　最も安い価格で提供し
社員は　生活の安定と　満足して働ける職場を創り
流通業を通じて　地域社会の発展に寄与する

2

社是

一、誠実　一、感謝　一、自己啓発

商圏

九州をエリアとする

事業

生産・製造・物流・販売とする

3

商いの基本七ケ条

一、私たちは、明るい笑顔で挨拶します
一、私たちは、5S（整理・整頓・清掃・清潔・躾）を徹底します

一、私たちは、品切れをさせません
一、私たちは、不良品は売りません
一、私たちは、接客技術の向上に努めます
一、私たちは、レジでお客様を3名以上待たせません
一、私たちは、目配り・気配り・心配りを実践します

4

『グッドカンパニー』の実現

既成概念にとらわれず、自律・自省を旨として
自由な発想で積極的に
変革、挑戦、創造できる企業文化をつくり
「CESPA:セスパ」を実現する
・CS(カスタマー満足)の向上……お客様に喜びと感動を与えられるお店
・ES(エンプロイー満足)の向上……社員が生きがいと働きがいを感じられる会社
・SS(サプライヤー満足)の向上……お取引先様との共生
・PS(プロデューサー満足)の向上……第一次産業の生産者の方々との共生
・AS(エリア満足)の向上……地域への貢献と食文化(郷土料理)の継承

OPERATING PROFIT & SALES

2015 年度	2016 年度	2017 年度	2018 年度	2019 年度
3,794	4,501	4,710	3,159	3,246
1,538	1,975	2,177	1,416	1,171
2,256	2,526	2,533	1,743	2,075
122,615	119,102	104,246	91,412	93,136
61,401	60,152	54,615	45,776	46,135
61,214	58,950	49,631	45,636	47,001

（金額単位：百万）

株式会社タイヨーの営業利益と売上高の推移（2011–2019年度）

直営計		2011年度	2012年度	2013年度	2014年度
営業利益	年間計	815	17	621	2,123
	上期計	83	(263)	(491)	580
	下期計	732	280	1,112	1,543
売上高	年間計	125,286	123,411	127,426	121,508
	上期計	62,489	61,714	65,520	60,726
	下期計	62,797	61,697	61,906	60,782

2013年9月にMBO実施

2017年度までは営業利益重視
2018年度からは固定費を考慮したうえで1,000億円の売上高確保に向けての経営方針に転換

P R O F I L E

清川照美
（きよかわ・てるみ）
株式会社タイヨー　取締役副社長

元東証二部上場の㈱タイヨー（当時売上高1,240億円）2代目の妻として主婦業に勤しんでいたが、同社の監査役や取締役として経営に参画するようになる。関連会社の清和インターナショナル株式会社代表取締役として、新業態ONLYONEの発足、焼肉店クムヨンや酒販店ベリーマッチの立て直しに貢献。2013年には率先してMBO（経営陣による株式取得）を進めてタイヨーのスピーディーな社内改革を実現させた。6年半で300億円の借金を返済するなど経営手腕を発揮した。2019年慶應義塾大学大学院経営管理専攻の修士課程修了。現在も司令塔として（副社長室・財務経理・情報システム・人事・総務・販売促進・開発・青果物・アパレル）管掌、タイヨーの改革を進めつつ、一般財団法人タイヨー財団理事長、ケア・サポーターズクラブ鹿児島会長を務めるなど地域貢献にも尽力する。

崖っぷちの会社を立て直したスーパーな女
なぜ、普通の主婦がたった6年半で300億円の借金を返済できたのか？

2020年6月17日　第1刷発行
2021年3月18日　第2刷発行

著者　清川照美
発行所　ダイヤモンド社
〒150-8409　東京都渋谷区神宮前6-12-17
https://www.diamond.co.jp/
電話 03-5778-7235（編集）　03-5778-7240（販売）
装丁＆本文デザイン　BLUE DESIGN COMPANY
DTP　有限会社ブルーインク
編集協力　古村龍也（Cre-Sea）、山本明文
制作進行　ダイヤモンド・グラフィック社
印刷・製本　三松堂
編集担当　花岡則夫、寺田文一

ISBN 978-4-478-10953-3